교사 교육과정을
디자인하다-성취기준편

교사 교육과정을 디자인하다 -성취기준편

초판 1쇄 발행 2024년 10월 15일

지은이 이원님, 박수원, 심성호, 이동철, 임성은, 정원희
펴낸이 이형세
펴낸곳 테크빌교육(주)
주소 서울시 강남구 언주로 551, 프라자빌딩 5층 | **전화** (02)3442-7783(333)
책임편집 한아정 | **교정교열** 옥귀희 | **디자인** 권빛나

ISBN 979-11-6346-194-4 03370

책값은 뒤표지에 있습니다.

테크빌교육 채널에서 교육 정보와 다양한 영상 자료, 이벤트를 만나세요!
블로그 blog.naver.com/njoyschoolbooks   **페이스북** facebook.com./njoyschool79
티처빌 teacherville.co.kr   **티처몰** shop.teacherville.co.kr
쌤동네 ssam.teacherville.co.kr

교사 교육과정을 디자인하다 - 성취기준편

Teachers' Curriculum

교육과정디자인연구소

이원님 · 박수원 · 심성호
이동철 · 임성은 · 정원희

테크빌교육

추천사

　오늘날 교사들은 단순한 지식 전달자로서의 역할을 넘어 학습자 중심의 교육을 실현하기 위한 교육과정 설계자, 평가자, 그리고 창의적 문제 해결자로서의 역할을 수행해야 합니다. 이러한 변화는 교사들에게 교육과정 설계와 평가에 대한 깊은 이해와 능동적인 실천을 요구하고 있습니다. 이 책은 현장 교사들이 자발적으로 연구회를 구성하여 만들어 낸 값진 결과물로서 교육과정의 성취기준을 중심으로 교육과정 설계의 실제적인 방향을 제시하고 있습니다.

　특히 성취기준의 의미, 유형, 성격에서부터 수업기준, 성취기준 재구조화, 그리고 평가에 이르기까지 교육과정 설계에 대한 체계적이고 구체적인 안내를 제공합니다. 이는 교사들이 국가 교육과정의 목표를 보다 명확히 이해하고, 이를 기반으로 창의적이고 효과적인 교육과정을 개발할 수 있도록 돕는 훌륭한 지침서가 될 것입니다.

　교사들이 주체적으로 참여한 이 연구는 교육 현장의 목소리를 담아냈다는 점에서 더욱 그 가치가 큽니다. 현장에서의 경험과 실천이 반영된 이 책은 이론과 실제를 연결하는 중요한 다리 역할을 하며, 교사들이 교육과정 설계자로서의 역량을 키우는 데 큰 도움을 줄 것입니다.

교원양성대학의 교수자로서 판단하건대 교사뿐만 아니라 교사 양성과정에 있는 예비 교사들에게도 매우 유익할 것이라고 확신합니다. 이 책을 통해 많은 교사와 교육자들이 교육과정 설계에 대한 깊이 있는 통찰을 얻고, 이를 통해 교육의 질적 향상을 이끌어 나가길 기대합니다.

한국교원대학교 초등교육학과 교수　김현욱

　　학교 현장의 눈높이에서 '성취기준'을 다루는 책이 한 권쯤 있으면 좋겠다고 상상해 왔다. 저자들은 이러한 상상을 현실로 구현해 주었다. 교사라면 누구나 알고 있지만, 제대로 안다고 말하기 어려웠던 '성취기준'의 모든 것을 친절하게 안내해 주는 길잡이 같은 책이다. 학생들의 의미 있는 배움을 위해 교육과정의 여정을 떠나는 선생님들이 이 책을 통해 성취기준을 재발견하고, 그 안에서 수업과 평가가 새롭게 발견되기를 기대한다. 앞서 발간된 〈이론편〉, 〈실천편〉과 함께 읽으면 더욱 유익할 것이다.

인천광역시교육청 장학사　김요섭

이 책은 지식과 정보가 넘치는 이 시대에 교사가 교육과정을 학생, 시대, 지역, 환경에 맞게 디자인할 수 있게 하는 나침반의 역할을 한다. 얼마나 더 많이 가르칠 것인지가 아닌, 꼭 필요한 역량을 함양할 수 있는 핵심을 가르칠 수 있도록 하는 교사 교육과정 디자인의 첫 번째 단계를 성취기준 중심으로 풀어냄으로써 '깊이 있는 학습'을 할 수 있도록 돕고 있다. 교사 교육과정에 대한 막연한 두려움과 모호함을 가진 교사들에게 이 책을 권하고 싶다.

경기도교육연수원 연구사 김세진

지속가능한 교육과 미래교육에 대한 이야기가 화두다. 불예측성과 복잡성, AI로 대두되는 기술 발달의 가속화와 윤리 가치의 시대적 혼돈 등이 교육계와 맞닿아 있다. 이 역동적인 변혁의 시대에 무엇을, 어떻게 가르치고 배울 것인가에 대한 지난한 교육적 고민과 문제해결을 위한 결과값으로 나오는 것이 교육과정이다. 교육과정은 교육의 시대적 지침서이자 나침반이다.

그 교육과정의 핵심을 꼽으라면 성취기준이다. 무엇을 배우고 어떤 수행이 기대되는지를 명료화한 서술문들로, 성취기준은 교수·학습의 목표와 내용 요소, 방법과 평가(도달점)를 담고 있다. 이 같은 성취기준을 어떻게 읽어 내고 핵심개념과 원리, 고차적인 사고와 역량을 고려하여 수업과 평가를 디자인할 것인가에서 교사들의 교육과정 전문성과 창의적 역량, 문제해결 역량이 빛을 발한다.

디자인한다는 것은 문제를 고민하고 해결하는 것의 과정이다. 「교사 교육과정을 디자인하다_성취기준편」이라는 제목처럼 교사는 저마다 마주한 학생들과 사회, 지역, 학교의 상황들이 얽히고설켜 만들어 내는 교육적 고민들을 직시하고 이를 해결하기 위한 절차적 설계이자 실행과정으로서 교육과정을 디자인하는 전문가이다. 처음 접하는 세상과 처음 직면하는 문제들, 새로운 기준과 가치가 필요한 시대를 앞두고 교육의 실패는 없을까, 해 오던 것들의 형식을 깰 수 있을까 하는 현장 교육자들의 고민이 깊어져 가는 요즘이다.

이러한 시점에 교육과정의 핵심인 성취기준에 대한 지적 자극을 제시한 책이라니 반갑다. 교육과정에 대한 책들은 많다. 그럼에도 성취기준만을 이렇게 깊이 있게 연구하고 교사 입장에서 상세하게 접근한 책은 처음인 듯하다. 저경력 교사는 물론 경력 교사까지 자신의 교육과정-수업-평가의 디자인 경험을 성취기준 관점에서 되새김질하게 만드는 책이다. 현장교사라면 누구나 한 번쯤 성취기준에 대한 이해를 깊이 있게 파고 싶다는 탐구심이 있었을 것이다. 이것을 실체화한 저자팀에게 감사함을 표하고 싶다.

태을초등학교 교감 이원주

교실에서 학생들이 실제로 경험하지 못하는 교육과정은 어떤 의미도 가치도 부여받을 수 없다. 더 이상 교육과정이 목표성과 당위성에만 머물러 있는 교육이론가, 교육정책가, 소수 선도교사들만의 전유물이 되어서는 안 되는 이유다. 그것은 '나와 마주하고 있는 아이들 모두'의 성장을 위한, 현장 교사들의 주체적이고 자율적인 교육과정 상상력과 변용력과 실천력에까지 닿아야 한다. 이 책은 그런 면에서 '교과서 가르치기가 아닌, 성취기준을 교과서로 가르치기'라는 기본 명제를 바탕으로, 현장교사가 성취기준을 어떻게 이해하고 다루어야 하는지에 대한 기본 내용을 충실히 담고 있다. 교사 교육과정의 실천이 그리 멀리 있는 것이 아님을 잘 보여 주고 있는 것이다.

전 나루고등학교 수석교사 이명섭

이 책은 오랜 시간 현장에서 교육과정을 실천해 온 집필진들이 현장 교사들이 성취기준에 대해 갖는 궁금증을 세심한 설명과 구체적인 사례로 명쾌하게 풀어 주고 있다. 성취기준은 지역의 특수성, 학교의 환경, 학습자의 능력과 수준 등을 고려해 매우 유연하게 접근할 수 있기 때문에 교사들의 교육과정 문해력이 무엇보다 중요하다. 이런 점에서 성취기준에 대한 교사들의 이해를 돕고, 교사 교육과정이 성공적으로 실현되도록 지원하는 이 책이 매우 반갑다.

『교실 속으로 간 이해중심 교육과정(공저)』 저자, 이매초 교사 변영임

프롤로그

교육과정 변화는 사람이 변하는 것이다. 사람이 변하는 것은 빨리 되는 것도 아니고 쉬운 것도 아니며, 사람들이 변화를 감지하고 느낄 시간을 필요로 한다. 다른 사람과 충분히 이야기해 볼 기회가 있어야 하고 또 시작할 용기가 필요하다. 교사들의 신념과 현장의 의견이 변화에 스며드는 긍정적인 흐름이 형성될 때, 그 새로운 것은 뿌리를 내릴 수 있을 것이다.

__ 앨리스 미엘(Alice Miel), 1986

2022 개정 교육과정이 새롭게 도입되었다. 전체적인 방향은 2015 개정 교육과정의 철학과 체제를 유지하되, 미래 사회를 살아갈 학생들이 주도적으로 삶을 이끌어가는 능력을 함양할 수 있도록 교과 교육에서는 깊이 있는 학습을 통한 역량 증진과 교과 간 연계와 통합, 학생의 삶과 연계된 학습, 학습 성찰 등을 강조한다(교육부, 2022). 같은 맥락에서 여러 시·도 교육청에서는 현 교육과정의 대안으로 IB 교육과정에 높은 관심을 보인다. 깊이 있는 학습을 강조하며 개념 중심의 교육과정과 그에 따른 객관적인 평가를 중시한다. 이렇듯 최근

의 교육 추세는 '깊이 있는 학습을 위한 교육과정의 개발과 실행'을 지향한다.

'무엇을 가르쳐야 하는가?' 이 질문에 대한 대답은 깊이 있는 학습을 위한 핵심개념, 일반화와 관련이 깊다. 그리고 이는 모두 '성취기준'에 대한 이해를 요한다.

> 성취기준이란, 교육과정을 정상적으로 이수한 학생이라면 누구나 도달해야 하는 최소한의 기준을 의미하죠. 그런데 사실 교사의 입장에서는 성취기준이나 성취수준이라는 게 매우 애매합니다. 그냥 교육과정이나 평가 계획에 억지로 끼워맞추는 경우가 많습니다.
>
> _ 이형빈, 2020 : 229

> 지극히 현실적인 문제를 생각해 보면 문서와 평가가 결국 따로 인 것 같다. 현재의 평가와 입시 방식이 과연 교육과정의 문서에서 말하는 인재, 즉 교육과정에서 제시한 역량을 두루 갖춘 학생을 목표로 하는지 의문스럽다. 내가 공부했던 30년 전 교육과정과 지금의 교육과정 성취기준이 뭐가 다를까 이런 생각을 지울 수가 없다. 수능의 입시 체제라면 그냥 수능 입시 체제에 맞추어 교육과정을 개발하는 게 낫겠다 싶다.
>
> _ 2022 개정 교육과정 유튜브 댓글

학교 현장에서 성취기준은 여전히 논란도 많고 어려움도 많은 영역이다. 성취기준의 존재에 대한 인식은 높으나 그것을 왜 활용해야 하는지, 그리고 어떻게 활용하는 것이 옳은지에 대해서는 혼란이 많다. 그도 그럴 것이 제7차 교육과정 이후 국가 교육과정에서 '성취기준'은 지속적으로 강조되어 왔지만 성취기준이 무엇인지, 어떻게 하는 것인지에 대해서는 제대로 된 설명이 없었기 때문이다.

그동안 교육부나 시·도교육청은 성취기준에 대한 본질적 취지와 의미를 이해할 수 있는 제대로 된 지침이나 안내를 제공하지 못하였다. 그저 교육과정 개발 사례를 통해 성취기준을 어떻게 활용하였는지를 보여줄 뿐이었다.

이에 본 연구자들은 '장님 코끼리 다리 만지기'처럼 답답한 상황에 놓인 현장 교사의 입장에서 이 책을 집필하였다. 현장 교사의 질문을 중심으로 성취기준에 대한 주요 내용을 정리함으로써 성취기준을 활용하는 데 필요한 내용을 담고자 하였다. 집필 시 고려한 점은 다음과 같다.

- 이 책은 **성취기준의 주 사용자인 '현장 교사'를 대상으로 집필**하였다. 성취기준의 등장 배경, 의미, 성격, 활용 방법 등 성취기준에 관한 전반적인 이야기를 다루되, 너무 이론적이거나 장황하게 설명하지 않도록 노력하였다.
- 제목별 주요 내용은 **진하게** 표시하여 가독성을 높였다.

- 이 책의 모든 내용은 **2022 개정 교육과정에서 제시한 성취기준을 반영**하고자 하였으나, 비교 설명이 필요한 경우에는 2015 개정 교육과정의 성취기준을 사용하였다.
- 이 책의 내용은 순차적인 연결성이 없다. 따라서 평소 궁금했던 내용부터 **순서 없이 읽어도 된다.**

『교사 교육과정을 디자인하다_성취기준편』이 현장 교사들에게 성취기준으로 인해 느끼던 답답함을 해소하고, '동료 교사들'과 '무엇을 가르쳐야 하는지'에 관해 이야기해 볼 수 있는 기회가 되기를 바란다. 또한 이 책을 통해 가르침과 배움을 제대로 시작해 볼 용기를 얻을 수 있기를 기대해 본다.

교사의 변화를 통해 교육과정의 변화를 일구시기를, 일련의 교육적 변화가 보람과 긍정의 열매로 맺어지시기를 간절히 바란다.

2024. 10.
집필진 일동

성취기준의 도입

우리나라 국가 교육과정에서 성취기준이 도입된 시기는 제7차 교육과정이다(교육부, 1997). 당시 미국에서는 성취기준 운동(Standards Movement)이 진행 중이었다. 그것은 교육과정 개혁 운동의 일환으로 연방정부 수준에서 '공통핵심기준(Common Core State Standards)'을 세우고자 한 것이다. 제7차 교육과정에 도입된 우리나라의 성취기준은 미국의 공통핵심기준의 취지와 개념을 부분적으로 수용한 결과였다.

· 미국의 성취기준 운동

당시 미국에서는 학교에서 무엇을 가르쳐야 하고 어떤 종류의 수행이 기대되어야 하는지를 명료하게 정의함으로써, 교육의 수월성을 확보하고 학생의 성취를 향상시키고자 하였다. 그리고 이를 위해 필요한 것이 국가 수준의 '성취기준'이었다.

미국 연방정부의 국가 교육 수월성 위원회(National Commission on Excellence in Educatio)는 '위기에 처한 국가(A Nation at Risk(1983))' 보고서에서 **자국의 국제적 위상 하락의 원인을 '교육에서의 위기'로 보았다. 그리하여 국가 경쟁력 및 학업 성취도 향상을 위한 방안으로 정부 차원의 교육과정 기준을 마련할 것을 제안**하였다.

자치적으로 이루어지는 전통적인 미국의 교육 문화는 자율성과 다양성의 측면에서는 장점이나, 그러한 차이가 지역 간, 학교 간 교육 격차를 확대한다고 보았던 것이다. 그 결과 교육개혁을 통해 모든 학생에게 적용될 수 있는 높은 수준의 기준을 개발해야 한다고 강조하였다. 또한 국가가 학교 교육의 기준이 될 '국가 교육 기준(National Educational Standards)'을 개발하여 교육의 방향을 구체적이고 명확하게 하고자 했다(백남진 · 온정덕, 2021).

• 우리나라의 목표 제시 방식 변화

그렇다면 우리나라에서 제6차 교육과정까지 사용하던 '학습 목표'를 '성취기준'으로 변경한 이유는 무엇일까? 이에 관해 성열관 외 (2008)는 **성취기준의 도입 배경을 평가자의 임의성을 배제하기 위한 노력**의 일환이었다고 설명한다.

제6차 교육과정은 교육내용을 주제 나열의 방식으로 진술하였다. 그러나 이는 학생들이 성취해야 할 능력을 명확히 보여주지 못하였다. 더욱이 당시 우리나라 교육 현장에서는 평가가 주로 상대평가로 이루어졌고, 이는 경쟁 중심의 학교 문화를 조성하는 원인으로 지목되던 터였다. 따라서 **상대평가의 본질적인 문제를 해결하기 위한 방안으로 절대평가가 제안되면서 평가의 기준으로 성취기준이 개발**된 것이다. 성취기준은 기존의 학습 목표에 결과적 행동성을 강화하여 학생들이 성취할 능력을 명시적으로 보여줄 수 있으므로 학습한 내용을 수행 결과로 평가할 수 있을 것이라고 기대되었다.

이상의 내용을 정리하면, **제7차 교육과정에서 성취기준의 도입 취지는 교과의 목표와 내용, 학습의 결과로 학생이 가져야 할 능력이 무엇인지를 분명히 제시할 수 있는 '평가기준'을 만드는 것이었다.** 미국의 상황에서 성취기준이 국가 수준의 교육 경쟁력 확보, 교육의 질 담보를 위해 중앙 정부의 통제력을 강화하는 차원에서 도입되었다면, 우리나라에서는 성취기준이 기존의 국가 교육과정 체제에 평가의 준거로 사용할 명확한 기준을 마련하기 위한 차원에서 도입되었던 것이다.

성취기준의 의미

국가 교육과정에서 제시하는 '성취기준'에 대한 정의는 개정 시기마다 강조점을 어디에 두느냐에 따라 조금씩 달라졌다.

• **제7차 교육과정**

> 수업이나 평가에서 실질적인 기준이나 지침의 역할을 수행할 수 있도록, 현행 교육과정상의 목표와 내용을 분석하여 상세화한 목표와 내용의 진술문
>
> _ 허경철, 1997

우리나라에서 성취기준의 도입은 상대평가에 따른 학생들의 과열경쟁을 완화하고 개별 학생이 무엇을 얼마만큼 제대로 알 수 있는지

를 확인하여 학생의 잠재력과 소질을 최대한 발현시키는 등 학교 교육을 정상화하기 위한 방안의 일환으로 추진된 '성취평가제'[1]가 그 배경이다. 중등학교 평가 체제 개선의 일환으로 추진된 성취평가제는 준거 지향/목표 지향 평가를 전제로 하였기에 **얼마만큼이 잘한 것인가(How good is enough good?)'라는 기준**이 필요하였고, 이에 제6차 교육과정기까지의 내용 중심 방식을 제7차 교육과정에서 성취기준 방식으로 전환한 것이다.

　제7차 교육과정기와 2007 개정 교육과정기에는 '성취기준, 평가기준'이라는 용어를, 2009 개정 교육과정기에는 '성취기준, 성취수준'이라는 용어를 사용하였다. 이처럼 **우리나라에서 성취기준은 주로 '평가 영역에서의 실질적인 기준이자 지침으로 사용된 목표와 내용의 진술문'의 성격이 강하였다.** 우리나라의 성취기준 도입은 수업 영역보다는 중등학교에서의 절대평가의 기준으로서의 역할이 강조되었고, 이는 외국과는 다른 우리만의 특수한 교육적 상황을 반영한 결과였다(류재택 외, 2000).

· **2009 개정 교육과정**

> 교수·학습 및 평가에서의 실질적인 근거로서, 각 교과목에서 학생들이 학습을 통해 성취해야 할 지식, 기능, 태도의 능력과 특성을 진술한 것
>
> _이미경 외, 2013

2009 개정 교육과정기의 성취기준은 **교육과정 적용의 구체적인 방향과 지침을 제공**하려는 데 목적을 두었다(이미경 외, 2013). OECD가 수행한 DeSeCo(Definition and Selection of Competencies) 프로젝트[2] 이후, 우리나라에서도 '역량' 담론이 활발하게 시작되었고 2009 개정 교육과정에서부터는 역량[3]을 강조하기 시작하였다. 이에 **2009 개정 교육과정기에 정의된 성취기준은 '학생들이 학습을 통해 성취해야 할 지식, 기능, 태도의 능력과 특성을 진술한 것'으로 일부 수정**되었다.

한편 이 시기 교과별 정선되지 못한 성취기준의 과다 문제는 현장에서 학습량의 과다라는 문제를 유발하였다. 이러한 현장의 어려움을 해결하고자 안내된 것이 바로 '핵심 성취기준'이며, **핵심 성취기준은 성취기준별 성취수준을 3단계(상/중/하)로 제시하여 평가기준으로서의 활용을 지원**하였다.

---

1 교육과정을 기준으로 교과목별 성취기준에 대한 학생의 도달 정도를 비추어 학생의 성취수준을 평가하는 방식(교육과학기술부, 2011)]

2 1997년 말, 경제협력개발기구(OECD)는 의무교육을 마친 학생들이 사회의 온전한 일원이 되는데 필요한 지식과 기술을 어느 정도 습득했는지 조사할 목적으로 국제학업성취도 평가 프로그램(Programme for International Student Assessment, PISA)을 시작하였고, 핵심역량을 선별하고 청소년 및 성인의 역량 수준을 국제적으로 비교 측정하는 개념적 틀을 제공하고자 DeSeCo 프로젝트에 착수하였다. DeSeCo 프로젝트가 갖는 교육적 의의는 '성공적인 삶을 위한 핵심역량'을 제시함으로써, 교육계에 '앎을 넘어 할 수 있는 힘, 즉 역량'을 강조하였다는 것이다. 그러나 경제협력개발기구의 핵심역량은 교육적 논리보다는 경제적 관점에서의 역량이라는 비판이 일었고, 이에 2005년부터는 'OECD 교육 2030 프로젝트'를 통해 핵심역량의 일부를 수정하고 이를 기르기 위한 교육과정, 교수·학습법, 평가시스템 등을 도출하는 연구를 수행 중이다.

3 역량은 '학생의 전인적 발달을 지향하며 지식이나 기능을 뛰어넘는 것으로, 특정 상황에서 심리·사회적인 자원(기능과 태도 포함)을 이용하거나 동원하여 복잡한 요구를 성공적으로 해결하는 능력'을 의미한다(OECD, 2005; 김경자 외, 2015에서 재인용). 역량은 학습 가능하고 발달적이며, 총체성을 띠고, 수행으로 나타나며, 개인적인 능력이면서도 개인 간의 상호작용을 강조하는 특징을 갖는다(온정덕 외, 2020: 24~26).

2015 개정 교육과정 총론에서 '역량'이 본격적으로 표면화되면서
성취기준의 진술 면에도 변화가 있었다.

기존의 성취기준이 지식 습득 중심의 '내용 기준'이었다면, **2015 개
정 교육과정에서는 지식의 적용과 실천을 강조하면서 '수행'으로 진술**될
필요가 있었다(온정덕 외, 2022: 55). 즉, 2015 개정 교육과정에서 성취
기준은 학생이 알아야 할 것과 할 수 있어야 할 것을 명료히 나타내야
하고, 교과의 핵심개념 · 일반화된 지식(원리) · 고차원적인 사고 기능
을 중심으로 구체화하여 지식의 연결성이 잘 드러나야 하며, 한 단계
더 나아가 학생이 지식과 기능을 이해했다면 그것을 나타내고 실천
할 수 있도록 수행 능력의 성격을 강화한 것이다(김경자 외, 2015: 28).
이로써 성취기준은 '지식'을 가지고 할 수 있어야 할 '기능'을 함께 밝
힘으로써 문장으로 진술되었고, **역량은 성취기준으로 구체화**되었다(백
남진, 2014).

이에 따라 「2015 개정 교육과정 교과 교육과정 개발 지침」에서도
성취기준은 '핵심개념별로 학년(군)별 내용 요소와 기능의 결합으로
개발하여 문장으로 진술'하도록 안내되었다.

- ## 2022 개정 교육과정

> 영역별 내용 요소(지식·이해, 과정·기능, 가치·태도)를 학습한 결과 학생이 궁극적으로 할 수 있거나 할 수 있기를 기대하는 도달점
>
> _ 교육부(2022) 일러두기

　2022 개정 교육과정에서는 2015 개정 교육과정에서 제기된 성취기준 관련 문제를 해결하고자 하였다.[4] 즉, 현장의 요구를 반영하여 '내용 체계와 성취기준 간의 연계성을 강화'하고, 핵심개념/단원이 아닌 '영역 수준에서 성취기준'을 개발하여 성취기준이 지나치게 상세화되는 것을 지양하였다. 또한 '성취기준 해설'에서도 교수·학습 및 평가 방식 등을 구체적으로 제시하여 교사의 자율성이 제한되지 않도록 안내하였다(온정덕 외, 2022: 71).

　2022 개정 교육과정에서 성취기준은 크게 2가지 측면에서 심화되었다.

　첫째, **'심층적인 이해'를 강조**하였다. 기존의 2015 개정 교육과정의 성취기준이 '지식과 기능의 정합'으로 진술되었다면, 2022 개정 교육과정에서는 '내용 체계의 지식·이해, 과정·기능, 가치·태도-세 차원을 의미있게 통합'하여 진술함으로써, 지식 위주로 진술되는 성취기준의 문제를 해결하고자 하였다. 즉 알고 할 수 있는 것을 넘어 그것을 왜 배워야 하는지 '이해'를 강조하였다.

　두 번째, **'수행 기준으로서의 성격'[5]을 강조**하였다. 2022 개정 교과 교

4　보다 자세한 설명은 5장에 있다.

5　성취기준의 유형 및 성격(내용 기준, 교육과정 기준, 수행 기준)에 대한 자세한 설명은 3, 4장에 있다.

육과정 개발 기준 마련 연구(온정덕 외, 2022: 8)에서 '성취기준은 학생들이 교과를 통해 배워야 할 내용과 학습의 결과 학생들이 무엇을 할 수 있는지를 나타내는 수행 기준'으로 정의되었다. 그 개념적 정의에서 '수행 기준'이라는 용어를 표면화했듯이, 교육과정 문서에 제시된 기능(skill, practice, process, competency)은 교과 역량을 구체화한 것이며, 학생의 수행을 보여주는 문장으로 진술함으로써 지식의 적용과 실천을 강조하였다.

이처럼 2022 개정 교육과정에서 말하는 **성취기준은 가르쳐야 하는 내용·수업 중에 해야 하는 활동이기보다 학습 후에 학생들이 보여야 하는 수행 결과, 즉 '도착점으로서의 목표'**이다.

"교육과정이 교육내용을 담는 중요한 문서이듯 교육내용은 성취기준에 담긴다."는 김종윤 외(2018)의 설명처럼, 현장에서 교육과정은 성취기준과 등가로 인식되는 만큼 성취기준의 의미와 성격을 이해하는 것이 더 중요해진 것이다.

성취기준의 3가지 유형

성취기준의 유형은 내용 기준, 교육과정 기준, 수행 기준으로 구분된다(백남진·온정덕, 2021). 제7차 교육과정부터 2015 개정 교육과정까지 성취기준의 진술은 일관되게 '내용+행동(활동, 수행)'의 형식을 취한다(조재식, 2005; 박기범, 2016). 이처럼 동일한 형식으로 진술되는 성취기준이지만, 교과 내용, 수업 활동, 수행 결과 중 무엇에 더 중점을 두는가에 따라 서로 다른 유형의 성취기준이 된다.

성취기준의 3가지 유형에 대해 구체적으로 알아보자.

• 내용 기준

'내용 기준'은 **학생이 알아야 할 것을 명확하게 제시하는 유형**이다.

수업 활동에서 학습해야 할 지식(원리, 개념, 사실)이 무엇인지 설명함으로써, 이를 근거로 수업 중 학습 활동과 수업 후의 수행 결과가 구체화된다.

내용 기준은 원리나 개념, 사실을 '안다' 또는 '이해한다'와 같은 형태로 제시된다.

• 교육과정 기준

'교육과정 기준'은 **수업 중에 이루어질 수 있는 수업 활동을 중심으로 한 성취기준 유형**이다. 학생들이 알아야 할 내용보다 참여할 수 있는 활동을 강조하여 그것 자체로 수업 활동의 예시가 될 수 있다. 교육의 자치적 성격이 강하였던 미국의 상황에서 교사들은 주어진 교육과정을 있는 그대로 '사용'하기보다 자신의 교육과정에 맞게 '활용'할 수 있기를 원했는데, 이때 적합한 성취기준 유형이 바로 교육과정 기준이다.

교육과정 기준은 학생들이 내용을 '활동한다'는 의미를 가진 다양한 동사로 제시된다.

• 수행 기준

'수행 기준'은 **학습자가 보여주어야 할 실제 수행 능력을 중심으로 한 성취기준 유형**이다. 수행 기준은 학생의 이해를 적용하고 드러낼 수 있도록 각 교과의 탐구 방식과 관련된 기능으로 진술된다. 수행 기준은 평가의 준거로 활용이 가능하다.

　수행 기준은 내용 기준에서 습득된 정도를 측정하고 평가할 수 있는 구체적인 증거를 드러내 보일 수 있도록 진술된다. '학생들은 ~을 할 수 있다'와 같은 형태로 제시되는 경우가 많다.

• 세 유형의 한계

　성취기준의 3가지 유형은 저마다의 특징과 함께 분명한 한계를 지니고 있다.

　내용 기준은 내용과 지식 전달 중심의 수업이 전개될 우려가 있으며, 교육과정 기준은 교사와 학생의 수업 결정권을 제한할 수 있고, 내용을 등한시한 채 무의미한 활동만으로 학습이 이루어질 수도 있다. 또한 수행 기준은 겉으로 드러나는 학습 결과에만 초점을 두어 평가가 교육과정 전반을 제한할 가능성이 있다.

[표 1] 성취기준의 특징과 한계점

	내용 기준	교육과정 기준	수행 기준
초점 차원	내용	수업	평가
제시 형태	학생들은 (개념 및 원리)를 안다/이해한다. [단순인지 동사]	학생들은 (내용)을 (활동)한다. [다양한 활동 동사]	학생들은 ~을 할 수 있다.
특징	– 학생들이 알아야 할 것을 명확히 제시함. – 활동이나 수행의 근거를 제공함.	– 수업 활동의 예시로 활용함. – 학습자의 활동을 중심으로 수업을 이끌 수 있음.	– 학습자가 보여주어야 할 실제 수행 능력을 중심으로 내용을 제시함. – 학생의 이해를 드러낼 수 있도록 진술함. – 교과의 탐구방식과 관련된 능력(기능)을 포함함. – 평가의 준거로 활용 가능함.

| 한계점 | – 내용(지식) 위주의 수업이
될 우려가 있음.
– 내용 요소가 나열되기 쉬
움. | – 교사와 학생의 수업 결정권
을 제한함.
– 내용 측면이 약화되어 제시
될 우려가 있음. | – 내용 측면이 약화되어 제시될
우려가 있음.
– 평가 차원이 부각될 수 있음.
– 겉으로 드러나는 학습 결과에
만 초점을 둘 우려가 있음. |

출처: 백남진·온정덕, 2021 : 59~60을 수정함.

- **국가 교육과정에서의 성격 변화**

미국에서 기준 중심 교육과정 개혁 운동이 일어나던 초기에는 학생이 각 교과에서 습득해야 할 지식과 기능을 제시하는 내용 기준의 성격이 강하였다(백남진·온정덕, 2021). 그러나 공통된 교과 교육과정을 개발하는 과정에서 학생들의 능력을 검증해 보일 수 있는 방식으로 기준이 개발되기 시작하였고, 점차 수행의 용어로 진술되어야 한다는 생각이 보편화되었다(백남진·온정덕, 2021).

우리나라도 성취기준이 도입된 제7차 교육과정에서는 학생의 능력을 나타낼 수 있는 수행 기준의 성격이 지향되었다. 이에 따라 제7차 교육과정을 개발할 당시 정의된 학습 성취기준은 '교과별로 설정된 교육과정상의 교육목표와 교육내용을 분석하여 학생들이 달성해야 할 능력 또는 특성의 형태로 진술한 것'이다(이돈희 외, 1997). 그러나 실제로 **제7차 교육과정부터 2007 개정 교육과정까지 성취기준은 주로 내용 기준, 교육과정 기준으로 진술**되었다(백남진·온정덕, 2021).

이에 따라 역량 개념이 도입된 **2015 개정 교육과정과 이를 발전시킨 2022 개정 교육과정에서는 학습한 지식과 기능을 교과 역량으로 구현하고자 하는 수행 기준의 성격을 강화**하고자 하였다. 국가 교육과정에서는 성취기준을 교과 학습의 결과로 무엇을 할 수 있어야 하는가에 대한 구체적인 진술로 간주하며, 과도한 내용 중심, 무의미한 활동 중심의 성취기준을 넘어 역량과 연계하여 학생의 수행을 보여줄 수 있는 수행 중심의 성취기준을 기대하는 것이다.

성취기준의 3가지 성격

앞에서는 성취기준의 정의 및 유형을 살펴보았다. 이에 비춰볼 때 성취기준이 갖는 성격은 다음과 같다.[6]

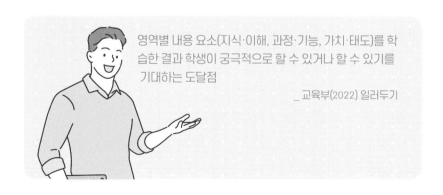

영역별 내용 요소(지식·이해, 과정·기능, 가치·태도)를 학습한 결과 학생이 궁극적으로 할 수 있거나 할 수 있기를 기대하는 도달점

_ 교육부(2022) 일러두기

---

6 '성취기준의 성격을 제대로 고려하고 있는가?'에 대한 성찰은 25장에 있다.

• 성취기준은 '수용자 중심의 목표[7]'이다

성취기준은 **'교사가 가르치는 내용'**이라기보다 **'학생이 수업의 결과로 학습하게 된 것'**에 초점을 둔다. 이는 성취기준이 교사에게 '무엇을 어떻게 가르쳐야 하는가'와 같은 교수 · 학습의 내용과 방법을 가늠하게 해주는 준거(criteria)가 되지만, 이와 더불어 '학생들이 무엇을, 얼마만큼 할 수 있어야 하는가'와 같이 목표하는 바의 성취 여부를 판단하는 기준(standard)이 된다는 의미이다. 다시 말해 성취기준은 수용자인 학생의 입장에서 학습 후에 갖게 되는 또는 보여지는 학습의 결과 또는 기대하는 모습인 것이다. 이는 성취기준이 지금-우리 반의 상황과 아이들의 특성에 따라 교육적인 해석이 가능한 준거이며, 수행 기준에 도달하기 위해 학습 내용과 방법을 다양하게 구현할 수 있다는 의미(잠재력)이다.

따라서 성취기준은 진술된 내용 그대로를 따라야 하는 수업 내용이나 표준(standardization)이 아니며, 성취기준이 표방하는 근본적인 아이디어가 달성되는 한 그에 대한 방법적 고려는 사용자에 따라 달라질 수 있는 것이다(조재식, 2005: 67).

• 성취기준은 '수행 기준─도착점'이다

성취기준이 '학습이 끝나거나 끝난 후의 지점, 즉 학년(군) 말 무렵에 학생이 달성해야 하는 목표, 학습의 결과'를 의미한다면, 성취기

---

7 Solomom(1997), receiver-based standards

준은 교수 · 학습의 출발점(standards-driven)이기보다 도착점(standards-conscious)으로 간주되어야 한다(Sleeter. & Carmona, 2017; 이원님, 2021에서 재인용).

어떠한 상황에서 교육의 결과로 질적으로 우수한 학습과 유의미한 학습이 일어났음을 드러낼 수 있으려면, 성취기준은 '수행 기준'이어야 한다. '내용 기준'은 지식에 초점을 맞춰 지식의 습득만을 강조하는 경향이 있고, 수업 활동에 초점을 두는 '교육과정 기준'은 교사의 교수 · 학습의 자율성을 축소시킬 수 있는 데 반해 수행 기준은 학생들이 지식, 기능, 태도 등을 익힌 후에 보여주어야 할 결과를 진술하여 학생의 능력 수준과 교과의 지식 내용이 연결되도록 할 수 있기 때문이다(백남진, 2014).

더불어 수행 중심의 성취기준은 진술의 명확성을 얻을 수 있으며 목표하는 교육내용과 평가를 자연스럽게 연계하여 교육의 책무성도 강조할 수 있다(서영진, 2013).

• 성취기준은 '역량−능력'을 구체화한다

교육의 결과를 나타내는 기준은 학생이 보여주어야 할 능력과 관련된다(백남진 · 온정덕, 2021: 46).

2015 개정 교육과정 총론에서는 핵심역량을 '추구하는 인간상을 보다 구체화한 것으로, 교과와 창의적 체험활동을 포함한 학교 교육 전 과정을 통해 중점적으로 기르고자 하는 일반적인 능력'으로 제시하고 있다. 또한 교과 역량은 '총론의 핵심역량을 기반으로 학생이 해

당 교과의 학습을 통해 궁극적으로 갖추어야 하는 능력, 즉 소수의 총체적이고 복합적인 교과 특수적 역량'(김경자 외, 2015: 23)을 의미한다.

이처럼 우리나라 국가 교육과정은 역량 기반 교육과정(Competency-based Curriculum)[8]을 표방하며, 이는 성취기준으로 구체화되었다. 성취기준이 기존의 내용 중심의 진술에서 '지식과 기능의 결합'으로 진술되면서, 기능을 통해 역량을 구체화한 것이다.

따라서 학교 교육에서는 학생이 알아야 하는 지식을 가르치고, 그것을 행할 수 있도록 **실제 세계의 상황과 관련된 수행의 맥락을 제공**할 필요가 있다.

---

8   2015 개정 교육과정은 기존의 교과 내용과 학생들이 드러내야 할 능력을 양립하고자 하며, 역량을 강조하여 '역량 기반 교육과정'을 지향한다('역량 중심 교육과정'이 아님). 총론에서 제시하는 핵심역량은 '자기관리 역량, 지식정보처리 역량, 창의적 사고 역량, 심미적 감성 역량, 의사소통 역량, 공동체 역량' 6가지이다(김경자 외, 2015: 64).

2022 개정 교육과정에서
성취기준은 어떻게 달라졌나요?

...평소 우리의 수업이 학생들에게 사소한 지식을 재미있게 가르치는 것에 그치고 있는 것은 아닌지 돌아보게 한다. 인터넷에 검색하면 바로 찾을 수 있는 정보나 사실을 조사하게 하고 테크놀로지를 이용하여 발표하는 것에 강조점을 두고 있지 않은지, 중요한 개념과 원리를 강의식으로 전달하고 있지는 않은지 말이다.... (중략)... 사실과 기능의 양이 증가함에 따라 개념적인 지적 참여가 줄어들고 이로 인해 학생들의 학습 동기가 감소한다.

_온정덕·윤지영, 2019: 8, 19~20

2022 개정 교육과정의 성취기준은 3가지의 변화를 보인다.

• 사실적 지식이 아닌 '개념적 지식' 강조

2022 개정 교육과정에서는 학생들이 알게 되는 것과 할 수 있게 되는 것에 초점을 두는 사실적 지식이 아니라 이해를 기반으로 하는 개념적 지식을 중심으로 성취기준을 개발하였다.

2022 개정 교육과정 성취기준을 구체적으로 살펴보자.

> **[6사11-01] 시장경제에서 가계와 기업의 역할을 이해하고, 근로자의 권리와 기업의 자유 및 사회적 책임을 탐색한다.**
> _교육부 고시 제2022-33호 [별책 7] 사회과 교육과정(2022:37)

5~6학년군의 사회와 경제 영역의 성취기준 [6사11-01]을 보면 '가계와 기업의 경제적 역할에 대한 사실적 지식 수준을 넘어 근로자의 권리, 가계와 기업의 자유, 사회적 책임에 관한 개념적 이해'를 목표로 하고 있다.

이처럼 2022 개정 교육과정에서는 내용 요소의 사실적 지식을 넘어서서 영역 중심의 핵심 아이디어를 기반으로 교과의 고유한 탐구 방식인 과정과 기능의 이해를 통해 개념적 지식으로 접근할 것을 요구한다. 이는 성취기준이 기존의 '아는 것과 할 수 있는 것'에서 한 걸음 더 나아가 궁극적으로 '무엇을 이해하기 위한 것'인지 물음으로써, 3차원적인 입장에서 개념적 지식을 강조하는 것이다.

개념적 지식은 교과의 본질을 이해하는 것이다. 사회 수업을 할 때 우리는 그동안 하나의 주제에 속하는 사실적 지식을 습득하는 것에 초점을 맞추었다. '5·18 광주 민주화 운동'을 예로 들어보자. 그동안

[그림 1] 2차원-3차원 수업 요소 비교

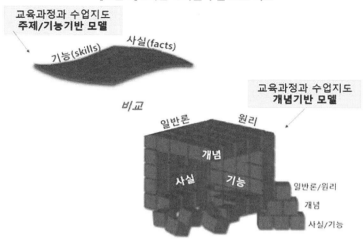

출처: 온정덕 · 윤지영, 2019: 27

은 5 · 18 광주 민주화 운동이 무엇인지, 왜 일어났는지, 그리고 그 결과는 어떠했는지에 대한 사실적 지식의 습득이 중요했다.

그러나 개념적 지식에 초점을 맞추면 배우는 것이 달라진다. 5 · 18 광주 민주화 운동과 같은 역사적 사건이 민주주의 역사에 있어서 왜 중요한 사건이 되었는지를 이해하고, 4 · 19 혁명, 6월 민주항쟁 등과 같은 일련의 역사적 사건들과 어떻게 관련되어 있으며, 이를 통해 오늘날 우리 민주주의 역사에 어떠한 영향을 미쳤는지를 깊이 있게 이해하는 것이 중요하게 된다.

• 수행 기준으로서의 성격 강조

2015 개정 교육과정의 성취기준이 가르쳐야 하는 내용, 수업 중에

해야 하는 활동의 교육과정 기준과 내용 기준에 더 가까웠다면 2022 개정 교육과정에서는 학생들이 학습 후에 보여야 하는 수행 기준에 가까운 성취기준을 강조한다.

2015 개정 교육과정에서는 영역을 대표하는 핵심개념별로 성취기준을 내용 요소와 기능의 결합으로 개발, 진술하여 해당 영역의 학습에 반드시 필요한 기능을 바탕으로 성취기준을 만들었다. 그러다 보니 과학 교과 같은 경우는 단원 수준에서 성취기준을 상세화하는 경향이 나타나 그 수가 많아지게 되었다. 이러한 2015 개정 교육과정 성취기준의 문제점을 개선하여 2022 개정 교육과정에서는 핵심 아이디어를 중심으로 내용 체계의 지식·이해, 과정·기능, 가치·태도와 성취기준의 연계성을 더욱 강화하였다. 다시 말해 핵심개념과 일반화된 지식을 통합한 핵심 아이디어를 토대로 내용 체계가 지식·이해, 과정·기능, 가치·태도의 3가지가 서로 유기적으로 연결되도록 진술하였다. 이는 성취기준을 단원 수준이 아닌 영역의 층위에서, 학년(군)별로 교과 학습 결과로서 학생이 궁극적으로 할 수 있어야 할 수행 중심의 진술문으로 제시하고자 함이었다(온정덕 외, 2022: 71).

[표 2] 2015-2022 개정 교육과정 성취기준 비교

구분	2015 개정 교육과정	2022 개정 교육과정
성취기준	영역을 대표하는 핵심개념별로 학년(군)별 내용과 기능을 정합한 문장 형태로 진술	• 지식·이해, 과정·기능, 가치 및 태도를 의미 있게 통합하여 진술함. 하지만, 각 차원별 진술 혹은 두 차원 이상을 통합하여 진술하는 것도 가능함. • 영역의 층위에서 학년(군)별로 교과 학습 결과로서 학생이 할 수 있어야 할 진술문으로 제시함.

출처: 온정덕 외, 2022: 71

- 핵심 아이디어 제시

2015 개정 교육과정에서는 전 학년에 걸쳐서 학습해야 할 일반화된 지식을 제시하였으나, 이를 학년별로 구체화하지는 않았다. 내용 체계표에 내용 요소가 제시되어 있기는 하나 단순히 나열한 것에 불과할 뿐 아니라 일반화된 지식과 내용 요소의 관계가 드러나 있지 않다는 비판도 제기되었다(온정덕 외, 2022: 65). 이에 변화된 2022 개정 교육과정에서의 성취기준은 아래의 국어 교과와 같이 핵심 아이디어를 해당 학년의 학습 내용과 결부된 일반화 형태로 구체화하였고, 이로써 지식·이해, 과정·기능, 가치·태도의 내용 체계가 학년이 올라갈수록 심화되는 계열성을 잘 맞추게 되었다. 그 결과 학생들이 맥락 속에서 교과 고유의 사고와 탐구를 통해 지식을 습득하고 이를 새로운 상황에서 적용하고 실천하는 개념적 지식도 습득해 나갈 수 있게 되었다.

2022 개정 교육과정에서의 성취기준은 개념적 지식과 수행 기준으로서의 성격, 핵심 아이디어를 기반으로 한다. 학생들은 앞으로 다가올 실생활에서의 문제 해결을 위해서 단편적이고 사실적인 지식을 넘어서서 전이 가능한 이해를 기반으로 한 개념적 지식을 함양해야 한다. 무엇보다 깊은 이해를 바탕으로 한 핵심 아이디어 중심의 개념적 지식이 필요한 까닭은 그것이 학생들에게 오랫동안 기억되어 문제 해결이 필요할 때 꺼내쓸 수 있는 수행 중심의 살아있는 지식이기 때문이다.

[표 3] 2022 개정 교육과정 국어과 교육과정 쓰기

핵심 아이디어	· 쓰기는 언어를 비롯한 다양한 기호나 매체를 활용하여 인간의 생각과 감정을 글로 표현함으로써 의미를 구성하는 행위이다. · 필자는 상황 맥락 및 사회 · 문화적 맥락 속에서 자신의 의사소통 목적을 달성하기 위하여 다양한 유형의 글을 쓴다. · 필자는 쓰기 과정에서 부딪히는 문제를 해결하기 위하여 적절한 쓰기 전략을 사용하여 글을 쓴다. · 필자는 쓰기 경험을 통해 언어 공동체의 구성원으로 성장하고, 쓰기 윤리를 갖추어 독자와 소통함으로써 바람직한 의사소통 문화를 만들어간다.		

범주		내용 요소		
		초등학교		
		1~2학년	3~4학년	5~6학년
지식 · 이해 (개념적 지식)	쓰기 맥락		· 상황 맥락	· 상황 맥락 · 사회 · 문화적 맥락
	글의 유형	· 주변 소재에 대해 소개하는 글 · 겪은 일을 표현하는 글	· 절차와 결과를 보고하는 글 · 이유를 들어 의견을 제시하는 글 · 독자에게 마음을 전하는 글	· 대상의 특성이 나타나게 설명하는 글 · 적절한 근거를 들어 주장하는 글 · 체험에 대한 감상을 나타내는 글
과정 (수행 기준) · 기능	쓰기의 기초	· 글자 쓰기 · 단어 쓰기 · 문장 쓰기	· 문단 쓰기	
	계획하기		· 목적, 주제 고려하기	· 독자, 매체 고려하기
	내용 생성하기	· 일상을 소재로 내용 생성하기	· 목적, 주제에 따라 내용 생성하기	· 독자, 매체를 고려하여 내용 생성하기
	내용 조직하기		· 절차와 결과에 따라 내용 조직하기	· 통일성을 고려하여 내용 조직하기
	표현하기	· 자유롭게 표현하기	· 정확하게 표현하기	· 독자를 고려하여 표현하기
	고쳐쓰기		· 문장, 문단 수준에서 고쳐쓰기	· 글 수준에서 고쳐쓰기
	공유하기	· 쓴 글을 함께 읽고 반응하기		
	점검과 조정		· 쓰기 과정과 전략에 대해 점검 · 조정하기	
가치 · 태도		· 쓰기에 대한 흥미	· 쓰기 효능감	· 쓰기에 적극적 참여 · 쓰기 윤리 준수

출처: 교육부, 2022: 10

성취기준이 너무 많아요!?

성취기준은 제7차 교육과정기에 등장하였으나 바로 현장의 교사들이 체감할 수 있었던 것은 아니다. 학교 현장에서 성취기준에 관심을 갖기 시작한 시점은 '2009 학교 자율화 정책(2009.8)' 이후로, 교육과정 자율화 정책의 일환으로 제안된 20퍼센트 시수증감제 및 학년군제·교과군제 등에 따라 '성취기준 중심의 교육과정 운영'이 강조되면서이다. 이후 단위 학교에서는 교육과정 자율화 정책을 반영한 학교 교육과정을 구안해야 했고, 이 과정에서 서서히 성취기준이 현장 교사들에게 체감되기 시작하였다.

단위 학교 및 현장에서 성취기준의 과다 문제는 지속적으로 제기되는 어려움 중의 하나이다. 이에 교육부 및 한국교육과정평가원에서도 문제의식을 가지고 대안을 고심하며 개선을 위해 노력하고 있다.

…교과별로 제시된 성취기준의 수가 많아 교사가 각 성취기준의 중요도를 이해하기 어렵고 따라서 교육과정 재구성이 어렵다는 점이 지적됨에 따라…

_ 김경자, 2015

…초등학교 1~2학년부터 고등학교 1학년에서의 듣기·말하기 영역 성취기준 수는 6개, 읽기 영역 성취기준 수는 5개, 쓰기 영역 성취기준 수는 4개, 문법 영역 성취기준 수는 5개, 문학 영역 성취기준 수는 4개 줄어들어 2009 개정 국어과 교육과정 대비 성취기준 양이 13.1% 줄어들었다.

_ 이주연 외, 2018

여기에서는 학년(군)별 성취기준의 개수 및 교육과정 개정기별 성취기준의 개수의 비교를 통해 성취기준의 과다 여부를 설명하고자 한다.

• 학년(군)별 성취기준 개수 비교

먼저 학년(군)별로 성취기준의 개수를 비교해 보자. 굳이 열거하지 않아도 고학년으로 갈수록 성취기준 개수가 많아질 것이라는 사실을 짐작할 수 있을 것이다. 고학년으로 갈수록 교과의 수도 많아지고 수업 시수도 증가하기 때문이다.

[표 4] 2022 개정 교육과정 국어과 성취기준의 개수

학년	초등 1~2학년						초등 3~4학년						초등 5~6학년						중등 1~3학년					
성취기준	듣말	읽기	쓰기	문법	문학	매체	듣말	읽기	쓰기	문법	문학	매체	듣말	읽기	쓰기	문법	문학	매체	듣말	읽기	쓰기	문법	문학	매체
개수	5	5	4	3	4	2	6	6	5	5	5	3	7	5	6	6	6	4	11	8	9	8	9	6
총합	23개						30개						34개						51개					
시수	482시간						408시간						408시간						442시간					

[표 4]를 보면 2022 개정 국어과 교육과정에 제시된 성취기준이 초등 1~2학년군 23개, 3~4학년군 30개, 5~6학년군 34개, 중등 1~3학년 51개로, 학년(군)이 올라갈수록 성취기준 개수가 증가함을 확인할 수 있다.

이를 학년(군)별 수업 시간에 따라 살펴보면, 국어과 기준 수업 시간 수는 초등 1~2학년은 482시간 동안 23개의 성취기준을 이수하게 되고, 3~4학년은 408시간 동안 34개의 성취기준을, 5~6학년은 408시간 동안 34개의 성취기준을 이수하게 된다. 즉 학년(군)별 평균 시수를 산정해 보면, 1~2학년은 482÷23≒20.9로 1개의 성취기준을 이수하는 데 약 20시간을 사용할 수 있다. 같은 방식으로 계산해 보면 3~4학년은 약 13시간, 5~6학년은 약 12시간, 중등 1~3학년은 약 8시간으로 학년(군)이 올라갈수록 성취기준별 배당 시수가 점점 짧아짐을 알 수 있다.

성취기준의 개수가 많아질수록 학생들은 짧은 시간 안에 성취기준에 도달할 수 있도록 노력해야 하며, 교과 수의 증가와 함께 학습량이 과다하다고 느낄 여지가 커지는 것이다. 특히 우리나라는 성취기준을 학생들이 알아야 할 필수 내용으로 보고 성취기준을 삭제할 수 없게

끔 안내하고 있기에(교육부, 2022: 80), 학생들이 배워야 할 내용과 교사들이 가르쳐야 할 내용과 관련되어 성취기준의 개수가 많아질수록 학생과 교사들이 수업에 느끼는 부담감이 증가하게 된다.

• **교육과정 개정에 따른 성취기준 개수 비교**

성취기준의 도입 이후 20여 년이 지났지만, 각 교과별 성취기준이 정선되지 못하였다는 비판은 여전하다. 일부 교과에서는 성취기준이 세 문장을 합친 복문으로 되어 성취기준 개수는 줄었으나 학습량은 전혀 줄지 않았다는 비판을 받기도 한다(김영은, 2022: 124).

이에 국가 교육과정의 개정은 단위 학교에서의 학습량 적정화를 위하여 성취기준의 개수를 줄이는 방향으로 개선되었다. 2015 개정 교육과정에서는 이전 교육과정 대비 성취기준의 개수를 줄여 학습에 대한 부담감을 20퍼센트 줄였다고 공표한 바 있으며(교육부, 2015), 2022 개정 교육과정에서도 학습량을 적정화하겠다며 성취기준 개수를 줄이려는 뜻을 내비쳤다(교육부, 2022).

[표 5] 2015 개정 대비 2022 개정 교육과정의 성취기준 개수 비교

학년	초등 1~2학년					초등 3~4학년					초등 5~6학년					중등 1~3학년				
교과	국어	수학	통합			국어	수학	사회	과학	영어	국어	수학	사회	과학	영어	국어	수학	사회	과학	영어
			바	슬	즐															
2015 개정	23	30	17	32	32	26	48	24	57	22	31	50	48	56	23	51	61	118	92	34
2022 개정	25	29	16	16	16	30	47	22	51	20	34	45	27	51	20	51	60	114	84	21
변화	136개 → 100개 36개 감소					177개 → 170개 7개 감소					208개 → 177개 31개 감소					356개 → 333개 감소 23개 감소				

[표 5]를 보면 초등 1~2학년의 경우 통합 교과의 성취기준 개수는 2분의 1로 대폭 감소하였다. 다만 국어과에서는 '매체' 영역이 늘어나면서 성취기준 개수가 다소 증가하였다. 하지만 학년(군)별 성취기준 개수를 비교해 보아도 전체적으로 2015 개정 교육과정보다 2022 개정 교육과정의 성취기준의 개수가 감소하였음을 확인할 수 있다.

이처럼 2022 개정 교육과정의 성취기준 개수가 이전에 비해 실제로 줄었음에도 불구하고, 학교 현장에서는 여전히 성취기준이 줄었다는 사실을 체감하지 못하고 있다. 과연 그 이유는 무엇일까? 이에 대해서는 이어지는 7장에서 자세히 다루도록 하겠다.

성취기준 개수 감축이 체감되지 않는 이유는

교육과정 개정 때마다 빠지지 않는 논의 사항이 바로 학습량 감축과 교육내용 적정화이다. 지난 2007 개정 교육과정과 2009 개정 교육과정에서는 학생들의 공부 부담을 줄여야 한다며 학습량을 20퍼센트씩 줄이는 것을 목표로 내걸었고, 2015 개정 교육과정에서도 학습량 30퍼센트 감축이 제안되었으며, 2022 개정 교육과정에서도 학습량을 감축했다고 발표하였다. 그러나 교육과정 개정 시기마다 학습량을 감축하였다는 발표와 달리 학교 현장에서는 이를 체감하지 못하고 있다.

그 이유는 크게 2가지로 설명할 수 있다. 먼저 **교육내용의 적정화는 성취기준 개수 감축 그 자체만으로는 체감되지 않는다. 둘째, 교과서를 중심으로 수업하는 한 성취기준의 감소는 체감되지 않는다.**

• 성취기준 개수 감축만으로는 체감할 수 없다

2015 개정 교육과정 총론 해설서를 살펴보면 학습량 적정화와 관련하여 다음과 같이 설명한다.

교육내용 적정화는 교육과정 개정의 시기마다 빠지지 않는 주요 사항으로 등장하였다. 그러나 암기식 교육, 문제풀이식 교육은 크게 개선되지 못했으며 학생들의 학습 부담 또한 여전하다. 이는 교육내용 적정화를 단순히 양적 감축 차원에서 접근했기 때문이다. 단편적인 사실들로 이루어진 교육내용은 그대로 둔 채, 단지 성취기준의 개수를 표면적으로 줄이는 방식으로는 근본적인 해결이 이루어질 수 없다. … 교육내용 적정화의 보다 궁극적인 목적은 학습 경험의 질 개선을 통한 유의미한 학습에 있다. … 단순히 양을 축소하는 것에서 벗어나 소수의 핵심개념을 중심으로 교과 교육과정을 재구조화하고자 하였다.

_ 교육부, 2015 개정 교육과정 총론 해설, 2016: 29

2015 개정 교육과정 총론 해설에 의하면 '교육내용의 적정화'는 단순히 양적 감축 차원에서 접근하여 단편적인 사실로 이루어진 교육내용을 그대로 둔 채 성취기준의 개수를 표면적으로 줄이는 방식으로는 근본적인 해결을 이룰 수 없다고 설명한다. 또한 학습량 적정화의 목적도 단순히 학생들의 학습 부담을 줄여주는 것에 그치는 것이 아니라 궁극적으로 학생의 학습 경험의 질 자체를 개선하여 **유의미한 학습**을 하고자 함에 있다고 밝히고 있다. 즉 100개의 내용을 암기하는 교수 학습의 방식은 그 수가 80개로 줄어도 쉽게 적어졌다고 체감

하기 힘들다는 것이며, 또한 학습 경험의 질 자체를 개선한다는 것은 사실적 지식의 나열과 암기 위주의 전통적 학습 방식이 아니라 소수의 핵심개념(big idea)을 중심으로 교육과정을 재구조화하고 이를 탐구하고 이해하는 등 역량을 함양하도록 하는 것이 학습량 적정화의 목적이라는 것이다.

2022 개정 교육과정에서도 이런 점을 강조하기 위하여 교과별 교육과정 각론의 내용 체계에 영역별로 '핵심 아이디어'[9]를 정리해 두었다.

[표 6] 2022 개정 교육과정 수학과 '수와 연산' 영역 내용 체계

핵심 아이디어	· 사물의 양은 자연수, 분수, 소수 등으로 표현되며, 수는 자연수에서 정수, 유리수, 실수로 확장된다. · 사칙계산은 자연수에 대해 정의되며 정수, 유리수, 실수의 사칙계산으로 확장되고 이때 연산의 성질이 일관되게 성립한다. · 수와 사칙계산은 수학 학습의 기본이 되며, 실생활 문제를 포함한 다양한 문제를 해결하는 데 유용하게 활용된다.		
구분	내용 요소		
범주	초등학교		
	1~2학년	3~4학년	5~6학년
지식 · 이해	· 네 자리 이하의 수 · 두 자리 수 범위의 덧셈과 뺄셈 · 한 자리 수의 곱셈	· 다섯 자리 이상의 수 · 분수 · 소수 · 세 자리 수의 덧셈과 뺄셈 · 자연수의 곱셈과 나눗셈 · 분모가 같은 분수의 덧셈과 뺄셈 · 소수의 덧셈과 뺄셈	· 약수와 배수 · 수의 범위와 올림, 버림, 반올림 · 자연수의 혼합 계산 · 분모가 다른 분수의 덧셈과 뺄셈 · 분수의 곱셈과 나눗셈 · 소수의 곱셈과 나눗셈

---

9   핵심 아이디어(2022 개정 교육과정: 수학과) 영역을 아우르면서 해당 영역의 학습을 통해 일반화할 수 있는 내용을 핵심적으로 진술한 것. 이는 해당 영역 학습의 초점을 부여하여 깊이 있는 학습을 가능하게 하는 토대가 된다.

과정 · 기능	· 자연수, 분수, 소수 등 수 관련 개념과 원리를 탐구하기 · 수를 세고 읽고 쓰기 · 자연수, 분수, 소수의 크기를 비교하고 그 방법을 설명하기 · 사칙계산의 의미와 계산 원리를 탐구하고 계산하기 · 수 감각과 연산 감각 기르기 · 연산 사이의 관계, 분수와 소수의 관계를 탐구하기 · 수의 범위와 올림, 버림, 반올림한 어림값을 실생활과 연결하기 · 자연수, 분수, 소수, 사칙계산을 실생활 및 타 교과와 연결하여 문제 해결하기
가치 · 태도	· 자연수, 분수, 소수의 필요성 인식 · 사칙계산, 어림의 유용성 인식 · 분수 표현의 편리함 인식 · 수와 연산 관련 문제 해결에서 비판적으로 사고하는 태도

• 교과서 중심 수업으로는 체감할 수 없다

2010년 영어 및 예체능 교과가 검 · 인정 체제로 전환된 데 이어, 2022년부터 초등의 주요 교과의 교과서도 검 · 인정 체제로 전환되었다. 단위 학교 및 교사의 자율권이 강화되면서 교과서 제도 아래에서 현장의 선택권이 확대된 것이며, 이는 학교 현장에서 사용할 수 있는 교수 · 학습 자료가 보다 다양해졌음을 의미한다.

그러나 여전히 교과서는 교사가 사용하는 가장 대표적인 교수 · 학습용 자료이다.[10] 단위 학교에서 교과서를 주교재로 사용하는 이유는 교육과정을 최대한 효율적으로 교육할 수 있게 만들어진 보조자료이고, 전문가 집단에 의해 만들어져 일정 수준 이상의 질을 확보할 수 있으며 동시에 현장 교사들의 시간과 노력을 절약해 주기 때문이다.

---

10 한국교육개발원의 「2019 초·중등학교 교원업무실태조사 보고서」에 따르면 초중등 교사들이 수업 시 교육자료 중에서 '교과서'를 가장 많이 활용한다는 결과가 나타났다. 교과서를 자주 활용하는 교원 비율은 초등학교 교사는 85.8퍼센트, 중학교 교사는 87.5퍼센트였다.]

그러나 교과서로 수업하는 한 성취기준 개수의 감축으로 인한 학습량의 감소를 체감하기는 불가능하다. 왜냐하면 교과서 집필 시 주요 내용은 성취기준을 반영하되, 차시별 총 시수는 교육과정 운영 주 수를 고려하여 결정되기 때문이다. 다시 말해 교과서 개발은 성취기준의 수와 상관없이 연간 36주의 학사일정(1학기 18주, 2학기 16주 기준)을 기준으로, 교육과정 주 수보다 한 주씩 적게 하여(17주, 15주) 개발한다는 것이다(교육부, 2022: 20). 이러한 이유로 교과서로 수업하는 교사의 입장에서는 가르쳐야 하는 수업 진도가 늘 같은 것이다.

결국 교육과정 분량에 대한 압박은 교과서 중심 수업으로는 벗어날 수 없다. 이것이 최근의 교육과정 문해력(Curriculum Literacy) 및 교사 교육과정(Teachers' Curriculum), 즉 교사의 교육과정 자율권을 강화하는 이유이다. 우리 반 아이들에게 가장 적합한 교육과정을 운영하고자 한다면 교과서가 아닌 교육과정을 중심으로 교사 교육과정을 개발·운영할 수 있어야 하고, 이것이 가능할 때 진도 따라가기 수업의 굴레에서 벗어날 수 있다.

'30만 년간 쌓아 온 정보를 2~3년에 만든다.'[11]

교육이 단순 암기식 교육, 문제풀이식의 교육에서 벗어나야 한다는 말은 계속되어 왔다. 그러나 현재 학생들이 체감하는 우리 교육의 모

---

11 이승녕(2000.11.04.) 기자. (버클리대학의 정보관리시스템대학원 연구팀 밝히길) 세계 30만년간 정보량 2~3년 내 쏟아져. 지디넷코리아. https://zdnet.co.kr/view/?no=00000010014539

습은 아직도 암기할 내용이 많고, 학습량이 많아 선행학습을 해야 하는 현실이다. 최근의 정보량의 무한 증가를 생각할 때 이제는 세상의 모든 정보를 교과서에 담을 수 없고 다 가르칠 수도 없다. **결국 미래 교육의 중점은 무엇을 얼마나 많이 가르칠 것인가가 아니라 핵심 내용을 어떻게 가르칠 것이며 또한 이를 통해 학생들이 무엇을 할 수 있게 할 것인가에 두어야 한다.**

Less is More! 이 말처럼 2022 개정 교육과정의 운영은 핵심 아이디어를 통해 학생들이 배워야 할 내용을 적정화하고 의미 있는 배움이 일어나는 교육 현장이 될 수 있도록 이루어져야 할 것이다.

성취기준이 너무
애매모호해요

현재 학교 현장과 전문가들은 성취기준의 의미가 모호하다는 의견을 많이 줍니다. 성취기준을 이해하여 수업을 다양하게 할 수 있는 교사는 많지 않다고 생각해요. ··· 미술과 자문회의 결과 모든 전문가가 교육과정에서 가장 중요한 요소를 성취기준으로 들었고, 성취기준의 의미 해설을 추가해야 한다고 의견을 제시하였어요.

_ 한국교육과정평가원, 2018

성취기준과 관련된 현장의 의견은 '너무 구체적이다'와 '너무 모호하다'는 의견이 공존한다. 이처럼 상반된 의견이 공존하는 이유와 교과별 성취기준의 구체성 여부를 다음의 3가지 비교를 통해 설명하려 한다.

교사 A : 성취기준을 보고 수업 준비를 하다 보면 성취기준이 너무 추상적이란 생각이 들어요. 어떤 내용을 기준으로 학생들을 가르쳐야 할지 애매모호할 때가 많아요.

교사 B : 성취기준이 추상적이라고요? 과학과 교육과정에 나타난 성취기준을 보면 실험까지 제시하고 있어서 수업을 구성하는 교사의 자율성을 제한하고 있다는 생각이 드는데요?

2015 개정 과학과 교육과정을 보면 "[9과02-03] 물체의 운동을 방해하는 원인으로써 마찰력을 알고, 빗면 실험을 통해 마찰력의 크기를 정성적으로 비교할 수 있다."라고 되어 있습니다. 보다시피 성취기준에서 '빗면 실험'을 하도록 구체적으로 안내하고 있어요. 마찰력을 공부하는데 '빗면 실험' 외에 다른 방법은 없는 걸까요?

교사 A : 영어과 성취기준은 달라요. 2015 개정 영어과 교육과정을 볼까요? "[6영01-02] 일상생활 속의 친숙한 주제에 관한 간단한 말이나 대화를 듣고 세부 정보를 파악할 수 있다. [9영01-04] 일상생활이나 친숙한 일반적 주제에 관한 말이나 대화를 듣고 줄거리, 주제, 요지를 파악할 수 있다." 여기에서 '일상생활 속의 친숙한 주제, 일상생활이나 친숙한 일반적 주제'가 정확히 어떤 것일까요? 일상생활이나 친숙한 주제라는 것이 학생들 모두 각자 다를 수 있으니, 이 성취기준을 어떻게 해석해야 할지 모르겠어요.

교사 B : 그렇군요. 과학과 교육과정에는 성취기준과 더불어 '탐구 활동'이 제시되어, 수업에서 해야 할 실험에 대해 안내하고 있어요. 그래서 다른 실험을 하려다가도 문득 주어진 실험을 먼저 해야 하나 싶은 생각이 들곤 합니다. 결국 새로운 수업을 준비하다가도 주어진 실험 준비를 하게 되지요.

대화에서 보듯이, **우리나라 성취기준은 과목의 성격에 따라 진술 방식에서 차이가 있다.** 「성취기준 질 제고를 위한 국제 비교 연구」(김종윤 외, 2018)에서도 우리나라 성취기준의 진술 방식, 내용 등에 대한 전문가의 의견이 다른 것으로 나타났다. 예를 들어 국어 교과의 성취기준에 대해 대부분의 전문가들은 성취기준 진술 방식의 추상성 및 다양한 해석 가능성으로 인해 학교 현장에서 성취기준을 바탕으로 수업하고 평가하는 데 어려움이 있을 것으로 판단하였다. 하지만 일부 전문가는 국어과 성취기준 진술 방식이 국어과 특성에 부합한다고 하였다. 이런 이유로 성취기준이 '구체적이다' 혹은 '추상적이다'라고 단정 짓는 것은 어렵다.

일반적으로 내용 교과라 불리는 수학, 사회, 과학 등은 가르칠 내용이 명료하고 내용 간의 위계가 명료한 관계로 '무엇을 어떻게 가르친다'라는 제시가 구체적인 편이다. 반면 표현 교과로 지칭되는 국어, 영어 등의 언어 교과와 음악, 미술과 같은 예체능 교과는 세부 내용에 대한 언급이 다소 추상적이어서 무엇을 가르쳐야 하는지에 대한 교사의 자율권이 크다.

- 교육과정 개정에 따른 진술 방식의 변화

2015 개정 과학과 교육과정

[9과02-03] 물체의 운동을 방해하는 원인으로써 마찰력을 알고, 빗면 실험을 통해 마찰력의 크기를 정성적으로 비교할 수 있다.

2022 개정 과학과 교육과정

[9과05-02] 중력, 탄성력, 마찰력, 부력을 이해하고, 각 힘의 특징을 크기와 방향으로 설명할 수 있다.

앞선 교사들의 대화에 나온 과학과 성취기준을 2015 개정 교육과정과 2022 개정 교육과정을 비교하여 보자.

2015 개정 교육과정에서는 마찰력을 이해하기 위한 방법으로 '빗면 실험'이라는 방법을 구체적으로 제시한다. 그러나 2022 개정 교육과정에서는 구체적인 실험이 삭제되어 있다. 물론 2022 개정 교육과정 모든 영역에서 구체적인 실험이 삭제된 것은 아니다. 아래와 같이 과학과의 또 다른 성취기준에는 '실험 방법'이 안내되어 있기도 하고, 성취기준 아래 관련된 '탐구 활동'을 제시하고 있기도 하다.

또 다른 예로 2022 개정 영어과 교육과정의 성취기준을 살펴보자. 듣기 영역에 제시된 성취기준을 보면 초등 5~6학년에서는 '일상생활 주제'를, 중학교에서는 '친숙한 주제'를 다루도록 제시되어 있다.

그러나 성취기준 해설을 살펴보면 "초등학교 5~6학년군에서는 일상생활에서 자주 접할 수 있는 주제(장래 희망, 여행, 취미, 건강 등)를 중심으로~"라고 안내되어 있고, 중학교에서는 "학습자가 개인 생활, 학교생활, 사회생활 등에서 흔히 접할 수 있는 친숙한 주제에 관하여, 말이나 대화를 듣거나 글을 읽고 그 속에서 숫자, 위치, 사건 등의 세부 정보를 파악할 수 있으며, 그림, 사진, 도표 등의 시각적 정보를 포함한 말, 대화, 글에서 세부 정보를 파악할 수 있는 것을 의미한다."라고 설명되어 있다. 다소 추상적인 성취기준을 성취기준 해설에서 보다 구체적으로 설명하고 있는 것이다. 이처럼 2022 개정 교육과정에서는 그간 현장에서 제기된 성취기준의 구체성에 대한 문제를 보완하려고 노력했음을 알 수 있다.

• **미국 성취기준과의 비교**

우리나라처럼 성취기준을 사용하는 국가로는 미국, 캐나다, 호주, 뉴질랜드 등의 나라가 있다. 하지만 각 나라마다 성취기준 진술방식이 달라서 우리나라의 성취기준과 비교하는 것은 쉽지 않다. 그러나 우리나라 성취기준이 구체적인지 모호한지에 대한 의문을 해결하기 위한 차원에서 기준 운동이 시작된 미국의 성취기준과 우리나라 성취기준을 비교해 보는 것도 의미 있을 것이다.

> **우리나라 :**
> [9국02-05] 글에 사용된 다양한 논증 방법을 파악하며 읽는다(교육부, 2015b: 44).
>
> **미국 CCSS :**
> (7학년) 텍스트에 사용된 주장과 근거를 찾고 추론과정이 타당한지 증거가 주장을 뒷받침하기에 관련성이 있고 충분한지 평가한다(미국 교육과정, 2010a: 39).
> (8학년) 텍스트의 논증 및 주장을 기술하고 논증 과정이 타당한지, 증거가 관련성이 있고 충분한지 평가한다. 또한 관련되지 않은 증거가 제시되었는지 인식한다(미국 교육과정, 2010a: 39).
> (9학년) 텍스트의 논증 및 주장을 기술하고 논증 과정이 타당한지, 증거가 관련성이 있고 충분한지 평가한다. 거짓된 진술 및 추론의 오류를 파악한다(미국 교육과정, 2010a: 40).
> - 김종윤 외, 2018: 130

국어과 성취기준을 비교해 보면, 우리나라는 중학교 1~3학년을 하나의 학년군으로 하여 성취기준을 제시하고 있으나, 미국은 각 학년별로 CCSS(Common Core State Standards) 성취기준이 진술되어 있다. 성취기준 내용을 살펴보면 우리나라는 '다양한 논증 방법을 파악하며 읽기'로 교육내용의 범위를 넓게 제시한 데 반해, 미국은 '주장과 근거 찾고 추론 과정이 타당한지~'와 같이 성취기준의 내용을 직접적이고 구체적일 뿐만 아니라 학년별로 위계성을 가지도록 제시하고 있음을 확인할 수 있다.

그리고 우리나라는 교육과정 문서에 '성취기준'과 '성취기준 해설', '성취기준 적용 시 고려 사항'이 간략히 제시되어 있지만, 미국은 부록 등을 통해 해당 학년 수준이 어느 정도인지 참고할 수 있도록 자료를 추가 제시하고 있다. 이처럼 우리나라 성취기준과 미국 CCSS의 성취기준을 비교해 보면 미국의 성취기준이 더 구체적으로 보인다. 이 부분은 성취기준이 도입된 배경이 다르기 때문에 나타난 현상으로 볼 수 있다.

우리나라는 국가 교육과정 문서에 학습 내용을 구체적으로 안내하는 국가였기에 교육과정의 자율성을 확보하고자 성취기준을 도입한 것이고, 미국은 각 주별로 다양하게 운영되는 교육과정을 국가가 관리하고자 기준을 마련하기 위해 성취기준을 도입한 것이다.

결국 **중요한 것은 '성취기준의 질은 성취기준의 진술이 구체적이냐 추상적이냐로 판단할 것이 아니다'라는 점이다.** 성취기준이 구체적이면 교사가 교육과정을 운영하는 데 있어서 자율성을 보장하기 어렵고, 성취기준이 모호하면 기준으로서의 기능을 상실하게 된다. 따라서 교사는 성취기준을 마련한 목표가 무엇인지 교육과정상의 맥락을 파악하여 성취기준의 타당성을 판단해야 하며, 교육과정 각론에 제시되는 '성취기준 해설', '성취기준 적용 시 고려사항' 등을 활용하여 성취기준을 해석할 수 있어야 한다.

성취기준과 핵심개념, 역량의 관계는?

성취기준, 핵심개념, 역량은 하나의 교육과정 내에서 서로 유기적인 관계를 맺으며 공존한다. 그러나 각각은 국가 수준의 교육과정 기준을 만들고자 한 기준 중심 교육개혁 운동, 교육내용을 엄밀히 다루고 선정하고자 한 교육 사조, 실제적 지식의 유의미한 수행 능력을 기르고자 한 교육 운동에서 등장한다. 서로 다른 이론적 배경을 지닌 개념들이지만, 교육의 효율성과 확장성을 중요시하는 현대 교육과정이 추구하는 방향에 부합한다는 공통점을 갖는다.

• **국가 교육과정에 공존하는 3가지 개념**

우리나라 국가 교육과정의 내용 체계표는 3가지 개념의 유기적 관계를 보여준다. 2022 개정 교육과정의 교과 교육과정 내용 체계표에서도 이를 확인할 수 있다.

내용 체계표의 내용 요소는 핵심개념과 일반화된 지식이 결합된 '핵심 아이디어'와 지식 · 이해, 과정 · 기능, 가치 · 태도로 구성된 '범주'로 구성된다. 성취기준은 이들의 조합으로 개발되며, 학습을 통해 성취기준에 도달하면 자연스럽게 역량이 키워질 수 있는 것이다. 역량 함양이라는 최종 목적을 위해 교과의 핵심개념을 핵심 아이디어로 진술하고, 핵심 아이디어에서 도출된 내용 요소를 결합하여 성취기준으로 진술하는 것이다. 달리 말해 성취기준이라는 진술 방식 안에 교과의 핵심개념이 내용 요소로 담겨 있고, 그것을 수행을 통해 학습함으로써 역량을 습득하게 된다는 말이다.

[표 7] 2022 개정 교육과정 사회과 내용 체계표 중 일부

핵심 아이디어		• 민주주의의 이념과 원리를 실현하기 위해서는 제도와 의식의 개선이 필요하다. • 다양한 정치 주체가 정치과정에 참여하며, 민주주의는 여러 제도와 시민 참여를 통해 실현된다. • 국제 사회에는 여러 행위 주체가 활동하며, 우리나라를 비롯한 국제 사회의 행위 주체는 다양한 국제 문제 해결을 위해 노력한다.	
범주		내용 요소	
		초등학교	
		3~4학년	5~6학년
지식 · 이해	민주 주의	• 민주주의의 의미 • 학교 자치 사례 • 주민 자치 사례	–
	정치 과정	• 민주주의의 실천 • 주민 참여와 지역 사회 문제 해결	• 선거의 의미와 역할 • 미디어의 역할 • 미디어 콘텐츠의 분석
	국제 정치	–	• 평화 통일을 위한 노력 • 지구촌의 평화

과정 · 기능	• 민주주의 사례를 조사하기 • 미디어 콘텐츠를 비판적으로 분석하기 • 사회문제 해결에 참여하기
가치 · 태도	• 민주적 기본 가치 • 선거 과정의 참여 • 학교 자치에의 참여 • 미디어에 대한 비판적 태도

• 성취기준과 역량

　최근 많은 나라들의 국가 교육과정 개혁은 학생들이 '무엇을 알아야 하는가'라는 지식 내용보다 '무엇을 할 수 있는가'라는 실제적 수행에 관심을 둔다는 공통점이 있다. OECD의 DeSeCo 프로젝트는 '무엇을 할 수 있는가'를 설명하는 역량을 "모든 개인이 다양한 맥락 또는 사회적 분야에 효과적으로 참가하는 능력, 개인에게 있어 성공적인 삶과 효율적으로 기능하는 사회에 기여하는 능력"이라고 정의한다(OECD, 2002: 10).

　역량을 중요시하는 최근의 교육과정 개발 동향은 교육과정의 구성이 지식 중심에서 역량 중심으로 전환되어야 한다는 점을 강조하는 쪽으로 흐르고 있다. 역량은 지식과 정보의 단순한 축적이 아니라 획득한 정보를 활용하고 적용할 수 있으며 새로운 지식을 생산해낼 수 있는 능력을 일컫는다.

　김선영(2016)에 의하면, 성취기준과 역량은 4가지 공통된 특징을 가진다. 첫째, 두 개념은 모두 학생의 수행을 중시한다. 둘째, 학생들이 반드시 함양해야 할 능력을 의미하는 최소한의 준거가 된다. 셋째, 학생들이 성취해야 할 결과를 알려주는 역할을 수행한다. 넷째, 교과를 통해야만 더 잘 습득될 수 있다. 이러한 공통적인 특징으로 여러 나라에서는 역량을 교육과정에 반영하기 위한 수단으로 교육내용을 성취기준으로 진술한다(김선영, 2016: 122). 성취기준이 역량을 표면화하는 수단으로 활용되는 것이다.

• **성취기준과 핵심개념**

성취기준이 역량을 표면화한다는 것은 역량을 개별 교과 교육과정의 맥락에서 풀어나간다는 의미이다. 이는 교육과정 전반을 아우르는 '일반 역량'보다는 개별 교과의 구체적인 '교과 특수 역량'을 뜻한다. 개별 교과의 교육과정 맥락에서 역량은 학습자가 그 교과를 배웠을 경우 획득할 수 있는 교과 고유의 수행 능력이다(소경희, 2015). 이처럼 교과 특수 역량은 특정 교과의 지식과 기능의 지속적인 고양을 통해 발달될 수 있다(김선영, 2016: 122). 다시 말해 교과의 맥락에서 지식을 활용하고 새로운 지식을 창출할 수 있는 능력을 기르기 위해서는 다량의 지식과 정보를 단순히 습득하는 것이 아니라, 전이력 높은 핵심개념으로 학습하여야 한다는 것이다. 예측 불가능한 미래 사회에 대응하기 위한 역량은 핵심개념을 학습함으로써 성취할 수 있다.

최근의 교과 내용은 '적게 가르치고 많이 학습하게 한다'는 방향으로 구성되고 있다(백남진 · 온정덕, 2018: 93). 이는 핵심개념이라 불리는 교과의 주요 원리(개념)를 통해 깊이 있는 이해를 도모하기 위한 것이다. 핵심개념을 중심으로 한 교과 내용 조직은 학생이 단편적인 지식을 배우기보다 학문의 원리를 이해하고 통합된 방식으로 여러 교과를 사고하고 학습한 지식이 학생의 삶에 전이가 되기를 기대한다. 그러므로 핵심개념은 역량 기반 교육과정을 설계하는 주된 요소가 되는 것이다(백남진·온정덕, 2018: 96).

정리하면 **성취기준은 핵심개념을 내용 요소로 삼고, 그것을 실제적 수행을 통해 학습하게 함으로써 최종적으로 역량을 함양할 수 있도록** 한다. 실제적 수행을 강조하는 역량 기반 교육과정으로 설계된 우리나라 국가 교육과정에서는 교과의 핵심적인 원리를 통해 전이력 높은 학습을 이룰 수 있는 핵심개념이 교과 내용 구성의 중심이 되며, 핵심개념 중심의 교과 지식을 기능, 가치 등의 요소와 함께 진술한 것이 성취기준이 된다.

성취기준이 있는데
목표를 또 만들어야 하나요?

학교 현장에서 교육과정 재구성이 일반화되었다. 그러나 단원(주제)을 구성하다 보면 "성취기준이 단원 목표 아닌가요?" "단원 목표를 꼭 만들어야 하나요?"와 같은 질문이 자주 언급된다. 성취기준은 목표와 같은가, 다른가? 이 질문의 답을 알아보자.

• **단원(주제)를 만드는 원천은 여러 가지이다**

흔히 교육의 3요소라 부르는 '교과, 학생, 사회'는 단원(주제)을 개발하는 주요 원천이다. 즉, 단원(주제)의 개발은 전통적으로 교과 자체의 내적 중요성에 따라 만들어지거나, 학생들의 흥미, 요구와 필요 등을 반영하여 생성되거나, 시대·사회적 변화에 따라 새롭게 구성되기도

한다(이원님, 2021).

단원(주제)의 원천이 '교과'일 경우는 해당 교과에서 중요하다고 선택한 성취기준에서 시작(standard-driven curriculum, 출발점으로서의 성취기준)하여 단원의 주요 목표와 내용을 계획한다. 하지만 단원(주제) 개발의 원천이 '학생' 또는 '사회'일 경우는 기대하는 목표나 내용이 별도로 존재하고 기존의 성취기준을 연결(standard-conscious curriculum, 도달점으로서의 성취기준)하면서 단원을 계획하게 된다.

주제명	우리 사는 세상: 지구 이야기(2. 오염)
목표	환경이 오염되는 이유를 알고, 오염을 줄이는 방법을 실천한다.
관련 성취기준	[2바02-01] 봄철 날씨 변화를 알고 건강 수칙을 스스로 지키는 습관을 기른다. [2슬02-01] 봄 날씨의 특징과 주변의 생활 모습을 관련짓는다.

예를 들어 학교특색사업(원천: 사회적 요인, high-tech, high-touch: 소프트웨어, 생태교육)으로 진행되는 '지구의 날 행사'[12]를 교육과정으로 운영하기 위해 관련 교과 및 단원의 성취기준을 연결하여 수업 시간을 마련한 경우를 살펴보자.

'우리 사는 세상: 지구 이야기(2. 오염)'에서는 '자연환경이 오염되는 이유를 알고, 오염을 줄이는 방법 실천한다.'는 주제 통합 프로그램의 목표가 별도로 존재한다. 그리고 성취기준은 차시별 수업 내용 중 일부가 되어 '봄철 날씨의 특징인 황사 현상 및 건강한 생활 수칙을 이

---

12 4월 22일 '지구의 날'은 지구 환경 오염 문제의 심각성을 알리기 위해서 자연 보호자들이 제정한 지구 환경 보호의 날이다.

해'하는 내용으로 반영된다.

이처럼 단원(주제) 개발의 원천이 '학생', '사회'인 경우에는 성취기준과 목표가 다를 수 있으며, 이에 따라 해당 단원(주제)에서는 성취기준과 별도로 목표를 설정해야 한다.

• **단원(주제)은 여러 개의 성취기준을 통합하여 개발된다**

홍후조(2016)는 "단원은 학습 활동의 한 단위이며, 실제의 학습 활동을 가능하게 하는 학습의 원천"이라 하였다. 만약 하나의 성취기준이 하나의 단원(주제)으로 개발된다면, 성취기준 자체가 목표이므로 추가로 목표를 진술할 필요는 없을 것이다. 그러나 현 교과서 단원 및 교사가 개발한 단원(주제)의 경우, 한 단원(주제)마다 관련된 성취기준은 하나 이상인 것이 일반적이다. 실제로 초중등 교과 지도서를 살펴보면, 대부분 2~4개 또는 그 이상의 성취기준을 묶어 하나의 단원을 구성하고 있다.

결국 단원(주제)이 여러 개의 성취기준을 묶어 구성된다는 것은 개별 성취기준 간을 연결하는 별도의 이유가 있을 것이며 이것이 해당 단원의 핵심개념 혹은 목표(지향하는 바)일 것이다. 따라서, 교사가 단원(주제)을 개발할 때에도 단원 개발 이유에 맞춰 별도의 목표 진술이 필요하고, 여러 개의 성취기준을 묶어 단원을 구성해야 한다.

• **성취기준은 다양한 방식으로 해석할 수 있다**

> 5.2 동네
> [2슬05-04] 동네 사람들이 하는 일, 직업 등을 조사하여 발표한다.

성취기준 [2슬05-04]는 다양하게 해석할 수 있다. 예를 들어 '동네 사람들이 하는 일'을 '공존'이란 핵심개념으로 해석하면 동네 사람들이 함께 살아가는 공동체의 모습을 중심으로 수업을 구성하여 학생들이 동네 사람들이 하는 다양한 일, 직업의 모습을 살펴볼 수 있게 수업을 구성할 수 있다. 그러나 '동네 사람들이 하는 일, 직업'을 '변화'라는 핵심개념으로 해석하면 수업의 구성이 완전히 달라진다. 즉 동네 사람들이 하는 일과 직업이 어떻게 변화하고 있는지, 옛날과 오늘날 또는 마을이 개발되면서 동네 사람들이 하는 일이 어떻게 변화되었는지 등을 중심으로 하는 지도 계획을 세우게 될 것이다. 이처럼 성취기준을 해석하는 방식은 다양할 수 있다.

따라서 교사가 어떤 핵심개념을 중심으로 성취기준을 해석하고 수업의 방향을 설정하였는지를 교육 목표로 진술하는 것이 필요하다. 단원 목표는 실제 수업을 계획하고 실행하는 데 있어서 교사에게도 수업의 방향을 알려주는 나침반의 역할을 해 준다(박수원 외, 2022).

성취기준은
차시 수업 기준인가요?

[표 8]의 자료는 ○○교육청 교육과정 편성·안내 자료에 제시된 교사가 개발한 교육과정 사례로, 5~6차시 정도의 주제 통합 프로그램 계획이다. 이 사례를 보면 주제와 내용이 좋은지 그렇지 않은지와는 별개로 개별 차시마다 관련 교과가 다름을 알 수 있다. 곧 개별 차시마다 관련된 성취기준이 다르다는 뜻이다. 이러한 사실은 성취기준의 성격에 대해 생각하도록 만든다. 과연 성취기준은 '차시' 단위를 기준으로 개발된 것일까?

• **성취기준별 단일 차시 기준이 아니다!**

먼저 생각해 봐야 하는 것은 '성취기준별 평균 수업 시수'이다.

[표 8] 교사 교육과정 개발 사례

역량기반 교사 교육과정

역량	주제	차시	활동	관련 교과 및 단원
자기 관리 역량	몸짱 프로젝트	1~ 2/5	우리 몸 이해하기	과학 4. 우리 몸의 구조와 기능
		3/5	나에게 적합한 운동 계획 세우기	체육 1. 건강활동
		4/5	영양소를 고려한 다이어트 계획 세우기	실과 2. 올바른 식습관
		5/5	체중과 운동 능력의 변화 알맞은 그래프로 나타내기	수학 6. 자료의 표현
지식 정보 처리 역량	직업 박람회	1/5	개인정보와 저작권의 중요성 알기	도덕 4. 정보사회에서의 올바른 생활
		2~ 3/5	정보기기를 활용하여 미래 유망 직업 조사하고 홍보문 쓰기	국어 9. 다양하게 읽어요
		4/5	미래 유망 직업을 소개하는 홍보물 만들기	실과 6. 생활과 정보
		5/5	직업 박람회 부스 운영하기	창체(진로)
창의 적사 고 역량	미술관 프로젝트	1/6	미술관 프로젝트의 주제 정하기	국어 2. 토의의 절차와 방법
		2~ 3/6	미술작품 추상 표현하기	미술 5. 상상과 추상
		4/6	작품의 치수 구하기	수학 5. 다각형의 넓이
		5~ 6/6	작품을 만들 수 있는 다양한 방법 구상하여 제작하기	실과 4. 생활과 기술

출처: ○○교육청, 2021

2022 개정 교육과정을 기준으로 살펴보자. 5~6학년 사회과에서 제시한 성취기준은 총 27개이고, 총 수업 시수 272시간을 이를 기준으로 나누면 한 성취기준당 평균 10시간의 시수를 할애할 수 있음을 알수 있다. 1~2학년 국어과의 경우는 총 수업 시수 482시간 대비 성취기준이 23개로 한 성취기준당 평균 21시간이 배당된다.

이처럼 성취기준당 평균 1~2차시 이상의 차시를 확보할 수 있다. 따라서 성취기준은 단위 차시를 기준으로 개발된 것이라기보다 '단원 중심으로 개발된 기준'임을 알 수 있다. 즉 1개의 성취기준으로 전일제(4~6차시) 또는 중 기간(1~2주)의 수업을 운영할 수도 있는 것이다.

• 성취기준은 단원 개발의 기준이다

[표 9]를 보면, 국어과는 하나의 성취기준이 여러 단원에 분산되어 있고 단원별 2~3개의 성취기준이 통합되어 구성된다.

[표 9] 2015 개정 교육과정 국어과 성취기준 단원 매칭

○ 1~2학년군의 교육과정 성취기준이며, 변호는 해당 학년의 교과서 단원

영역	교육과정 성취기준	교과서 반영			
		1학년		2학년	
		1학기	2학기	1학기	2학기
듣기·말하기	[2국01-01] 상황에 어울리는 인사말을 주고받는다.	⑤	⑥		
	[2국01-02] 일이 일어난 순서를 고려하며 듣고 말한다.			⑥ ⑧	⑦
	[2국01-03] 자신의 감정을 표현하며 대화를 나눈다.			③ ⑩	① ②
	[2국01-04] 듣는 이를 바라보며 바른 자세로 자신 있게 말한다.		④	②	⑨
	[2국01-05] 말하는 이와 말의 내용에 집중하며 듣는다.	① ⑨	⑤ ⑩		
	[2국01-06] 바르고 고운 말을 사용하여 말하는 태도를 지닌다.	⑤	⑥		⑧ ⑩
읽기	[2국02-01] 글자, 낱말, 문장을 소리 내어 읽는다.	① ④ ⑥ ⑦	⑤		
	[2국02-02] 문장과 글을 알맞게 띄어 읽는다.	⑧	⑧		
	[2국02-03] 글을 읽고 주요 내용을 확인한다.		⑦ ⑧	⑦ ⑨	⑨
	[2국02-04] 글을 읽고 인물의 처지와 마음을 짐작한다.			⑧	④
	[2국02-05] 읽기에 흥미를 가지고 즐겨 읽는 태도를 지닌다.	③	①	① ②	⑪

출처: 교육부, 2019

사회과, 과학과의 경우에도 주제/단원별 6~7개의 성취기준이 통합되어 구성되고, 수학과 역시 단원별 1~4개의 성취기준이 병합되어 만들어진다. 이처럼 교과의 성격에 따라 성취기준이 배치되는 방식은 다르나 모든 교과에서 성취기준은 차시가 아니라 단원 기준으로 적용됨을 알 수 있다. 이는 성취기준이 차시와 직접적으로 매칭되는 것이 아니라 단원 전체에 통합적으로 적용되기 때문이다.

[표 10] 2015 개정 교육과정 수학과 성취기준 단원 매칭

○ 5~6학년군의 교육과정 성취기준이며, 변호는 해당 학년의 교과서 단원

영역	교육과정 성취기준	교과서 반영			
		5학년		6학년	
		1학기	2학기	1학기	2학기
수와 연산	[6수01-01] 덧셈, 뺄셈, 곱셈, 나눗셈의 혼합 계산에서 계산하는 순서를 알고 혼합 계산을 할 수 있다.	①			
	[6수01-02] 약수, 공약소, 최대공약수의 의미를 알고 구할 수 있다.	②			
	[6수01-03] 배수, 공배수, 최소공배수의 의미를 알고 구할 수 있다.	②			
	[6수01-04] 약수와 배수의 관계를 이해한다.	②			
	[6수01-05] 분수의 성질을 이용하여 크기가 같은 분수를 만들 수 있다.	④			
	[6수01-06] 분수를 약분, 통분할 수 있다.	④			
	[6수01-07] 분모가 다른 분수의 크기를 비교할 수 있다.	④			
	[6수01-08] 분모가 다른 분수의 덧셈과 뺄셈의 계산 원리를 이해하고 그 계산을 할 수 있다.	⑤			
	[6수01-09] 분수의 곱셈의 계산 원리를 이해하고 그 계산을 할 수 있다.		②		
	[6수01-10] '(자연수)÷(자연수)'에서 나눗셈의 몫을 분수로 나타낼 수 있다.			①	
	[6수01-11] 분수의 나눗셈의 계산 원리를 이해하고 그 계산을 할 수 있다.			①	①
	[6수01-12] 분수와 소수의 관계를 이해하고 크기를 비교할 수 있다.	④			
	[6수01-13] 소수의 곱셈의 계산 원리를 이해한다.		④		
	[6수01-14] '(자연수)÷(자연수)', '(소수)÷(자연수)'에서 나눗셈의 몫을 소수로 나타낼 수 있다.			③	
	[6수01-15] 나누는 수가 소수인 나눗셈의 계산 원리를 이해한다.				②
	[6수01-16] 소수의 곱셈과 나눗셈의 계산 결과를 어림할 수 있다.		④		②

출처: 교육부, 2019

따라서 현재와 같이 교사가 교과서 단원을 기준으로 교육과정을 운영하는 상황에서 교육과정을 재구성할 때에는 한 단원의 특정 차시만을 빼내기보다는 해당 성취기준이 반영된 단원을 통째로 빼내어 새로운 단원이나 주제를 구성하는 것이 옳다. 또한 이렇게 하는 것이 교육과정 편성 및 시수 배치에도 보다 용이하다.

이처럼 성취기준은 '수업 차시'가 아니라 '단원'을 기준으로 접근해야 한다. 현재에도 특정 교과의 경우 성취기준이 많아 가르칠 내용이 많다는 현장의 어려움이 제기되는데, 하물며 성취기준이 차시 단위라면 교육내용의 분량을 감당할 수 없을 것이다. 그러므로 교육과정 재구성(개발)을 할 때 차시 단위로 성취기준을 개발하는 오류를 범하지 않도록 유의해야 한다.

성취기준을 활용하는 3가지 방법
해석, 재구조화, 개발

성취기준을 활용하는 방법은 크게 3가지이다. 주어진 성취기준을 '해석'하여 사용하는 방법, 성취기준을 '재구조화'하는 방법, 그리고 성취기준을 새롭게 '개발'하는 방법이다.

• **성취기준 해석**[13]

성취기준을 '해석'하여 사용하는 방법은 주로 '단일 성취기준'을 해석하는 경우에 적용된다. 가장 일반적인 경우로, '성취기준을 해석한다'는 것은 교육과정에 명시된 성취기준이 의도하는 바가 무엇이며

---

13   보다 자세한 설명은 13장에 있다.

주요 내용은 무엇인지 이해하는 과정이다. 성취기준을 해석한 이후, 우리 학교의 상황이나 학생들의 특성에 맞춰 성취기준을 재구조화하거나 새롭게 개발하게 된다.

• 성취기준 재구조화[14]

성취기준 재구조화란 '교육과정 성취기준을 실제 평가의 상황에서 준거로 **사용하기에 적합하도록 보다 구체적이고 명료하게 하는 것**'을 의미한다. 학생의 특성 · 학교 여건 등에 따라 교육과정 및 교과서 내용을 분석하여 교과협의회를 거쳐 재구조화할 수 있다(교육부, 2024:100). 성취기준 재구조화는 주로 복수의 성취기준을 대상으로 하며, **교과 내 혹은 교과 간 통합 및 압축 등의 재조정 과정**을 거친다. 다만 현행 교육과정상 성취기준은 '누구나 도달해야 하는 최소한의 기준'의 성격(온정덕 외, 2020; 이형빈, 2020)을 가지므로, 성취기준 재구조화 과정에서 내용 요소의 일부가 임의로 삭제되지 않도록 유의해야 한다.

> 성취기준 재구조화는 교육과정 성취기준을 실제 평가의 상황에서 준거로 사용하기에 적합하도록 보다 구체적이고 명료하게 하는 것을 의미한다. 다만, **성취기준을 통합하거나 일부 내용을 압축하여 재구조화할 경우, 성취기준의 내용 요소 일부가 임의로 삭제되지 않도록 유의**해야 하며…
> _ 학교 생활기록부 기재 요령, 2024:104

---

14   보다 자세한 설명은 14장에 있다.

「생활기록부 작성 지침」(교육부, 2023)에서 제시한 성취기준 통합의 구체적인 사례는 다음과 같다. 하나의 '평가 과제'로 여러 성취기준을 평가하는 것이 가능한 경우에 성취기준을 통합, 재구조화하여 운영할 수 있으며, 이를 통해 평가의 부담을 줄일 수 있다.

성취기준 통합의 예

[2국03-03], [2국03-04] 성취기준은 하나의 평가 과제를 통하여 평가하는 것이 효율적이기 때문에, 아래와 같이 성취기준을 통합하여 재구조화하여 운영할 수 있습니다.

[2국03-03] 주변의 사람이나 사물에 대해 짧은 글을 쓴다.	[2국03-04] 인상 깊었던 일이나 겪은 일에 대한 생각이나 느낌을 쓴다.

[2국03-03, 04 통합 성취기준] 주변의 사람이나 사물과 관련된 인상 깊었던 일을 생각이나 느낌이 드러나는 글로 쓴다.

• **성취기준 개발**[15]

학교 혁신 운동 이후, 여러 학교에서는 지역 및 학생들의 필요와 요구를 담아 국가 교육과정에 제시된 내용 이외의 추가적인 교육 프로그램을 개발하여 운영한다. 이때 해당 학년(군)에 관련 성취기준이 없

---

15 보다 자세한 설명은 15장에 있다.

을 때 성취기준을 추가로 개발할 수 있다. 다만 성취기준의 개발은 결과적으로 학습량의 증가로 인한 학습 및 평가의 부담으로 이어지는 만큼 신중하게 고려하여 결정해야 한다. 이에 교육과정 문서에서도 아래와 같이 안내하고 있다.

> **일부 내용 요소(성취기준)를 추가해야 하는 경우에는 학생의 학습 및 평가 부담이 가중되지 않도록** 학년(군), 학교급 및 교과(군) 간의 연계성을 충분히 고려하여야 한다.
>
> _학교 생활기록부 기재 요령(초등학교), 2024: 104

13

성취기준을 해석하는
4가지 방법

　'무엇을 가르칠 것인가'에 해당하는 교육내용은 성취기준으로 표현
된다. 따라서 **교사의 교육과정 전문성이란 성취기준에서 밝히는 내용의
의미와 취지를 이해하여 구체적인 교육활동으로 풀어내는 능력**일 것이다.

　교육과정 성취기준의 대강화(大綱化)[16]에 따라 국가 수준에서는 큰
줄기만 제시하고 교육현장에 있는 교사가 교육과정, 수업, 평가의 세
부적인 결정권을 가진다. 이에 따라 교사는 성취기준을 제대로 해석
하기 위해 내용 체계표의 '핵심 아이디어'와 '내용 요소'를 확인하고
학습 내용의 범위(scope)와 계열(sequence)을 잘 살펴보아야 한다. 또한
성취기준을 단순하게 전달하는 것이 아니라 '학생들의 앎과 삶에 유

16　자세하지 않게 덜 상세화한다는 의미

의미한 배움'을 줄 수 있도록 학생의 필요와 요구, 수준과 역량에 맞추어 전달할 수 있어야 한다. 이를 '성취기준을 해석한다'라고 표현한다.

교사는 성취기준이 '모든 학생들이 도달해야 할 일정 수준의 능력'임을 고려하여 학생을 교과에 맞추는 것이 아니라 교과를 학생에게 맞출 수 있는 안목이 필요하다. 따라서 학생들이 배움의 내용에 흥미를 갖고 적극적으로 참여할 수 있도록 학생의 의견과 요구를 반영하고자 학생들의 목소리에 충분히 귀 기울여야 하며, 그들의 관심과 흥미를 배움으로 연결할 수 있는 교육과정을 디자인할 수 있어야 한다.

성취기준을 해석하는 방법은 크게 **내용을 중심으로 할 것인가, 학생을 중심으로 할 것인가**에 따라 4가지로 구분할 수 있다.[17]

내용 중심 해석:	1) 분절하는 방식	2) 초점화하는 방식
학생 중심 해석:	3) 생략하는 방식	4) 집중하는 방식

먼저 '내용'을 중심으로 해석하는 방식은 성취기준의 내용적 요소를 지식·이해, 과정·기능, 가치·태도 등 객관적 방식으로 보는 방법이다. '내용'을 중심으로 해석하는 방식 중 대표적인 것은 '분절'적으로 해석하는 방식과 핵심 내용으로 '초점화'하는 방식이다.

다음은 '학생' 중심으로 해석하는 방식으로, 맥락적·상황적 해석이라고도 한다. 이는 학생의 입장에서 그 내용을 해석하고 조정하는

---

17 이 장은 박수원 외 (2020). 『교사 교육과정을 디자인하다』. 서울: 테크빌교육. 98~112 를 수정, 재구성한 것이다.

방식이다. '학생' 중심으로 해석하는 방식 중 대표적인 것은 학생들의 선행 학습 정도를 반영하여 이미 아는 것을 '생략'하는 방식과 학생들이 진짜 배워야 할 것에 '집중'하는 방식이다.

- **[내용 중심] '분절'적으로 해석하는 방식**

[2슬02-02] 우리나라의 모습이나 문화를 / 조사한다.
지식·이해   과정·기능

– 지식 · 이해, 과정 · 기능, 가치 · 태도로 분절하기

성취기준을 분절적으로 해석하는 방식은 교과서가 취하는 전형적인 방식이다. 내용 요소를 지식 · 이해, 과정 · 기능, 가치 · 태도 등으로 분절하여 파악하고 차시를 배당하여 지도한다. 이러한 방식은 성취기준의 어느 하나도 놓치는 것이 없으나 수업이 지극히 지식 중심적인 방향으로 흐를 위험이 있다. 따라서 교사가 성취기준을 분절적으로 해석하여 수업을 진행하면, 이는 현행 교과서 진도 나가기식 수업과 크게 다를 바 없으며 수업 내용보다는 수업 방법상의 변화만 있게 된다.

[표 11] [2슬02-02] 성취기준을 '분절'적으로 해석하는 방식 수업 계획의 예

차시	수업 내용	비고
1~2	• 우리나라의 전통 한복 조사하기	
3~4	• 우리나라의 전통 음식 조사하기	
5~6	• 우리나라의 전통 그릇 조사하기	
7~8	• 우리나라의 전통 문양 조사하기	

• [내용 중심] 핵심 내용으로 '초점화'하는 방식

–성취기준의 핵심 찾기

[6국03-05] 쓰기 과정을 점검, 조정하며 글을 쓰고,
지식·이해   과정기능

글 전체를 대상으로 통일성 있게 고쳐 쓴다.
지식·이해   과정기능

　이 성취기준은 내용 체계표를 보더라도 추상적이고 대강화되어 있음을 알 수 있다. 성취기준의 의도를 제대로 파악하기 위해서는 교육과정 해설서에 제시된 '성취기준 해설'을 참고하는 것이 도움이 된다. 이에 따라 글쓰기에 있어서 통일성의 개념과 쓰기 과정에 대한 점검과 조정의 필요성을 이해하고 '글 수준에서의 고쳐 쓰는 활동'에 초점을 두어, 내가 쓴 글에서 발견할 수 있는 반복되는 단어나 긴 문장 등을 고쳐 쓰는 활동을 함으로써 해당 성취기준을 집중적으로 배울 수 있다.

　이처럼 핵심 내용으로 초점화하는 방식은 '글 수준에서 고쳐 쓰기'라는 내용 요소를 중심으로 국가 교육과정의 공통성을 확보하면서도 다양한 방식의 수업을 통해 학생 및 현장의 다양성을 추구하는 맞춤형 수업을 가능하게 한다. 세부 수업 계획은 다음과 같이 구성할 수 있다.

[표 12] [6국03-05] 성취기준을 핵심 내용으로 '초점화'하는 방식 수업 계획의 예

차시	수업 내용	비고
1~2	• 고치지 않은 글과 고쳐서 쓴 글 비교하기 • 글을 고쳐 쓰면 좋은 점 알기 • 글을 고쳐 쓰는 방법 알기	* 핵심 내용을 다양한 상황 속에서 반복 적용하게 함.
3~4	• 6학년 때 기억에 남는 일 글쓰기 • 자신이 쓴 글을 고쳐 쓰고 공유하기	
5~6	• 재미있게 읽었던 책 독후감 글쓰기 • 자신이 쓴 글을 고쳐 쓰고 공유하기	
7~8	• 동물실험 자료를 활용해 주장하는 글쓰기 • 자신이 쓴 글을 고쳐 쓰고 공유하기	

• **[학생 중심] 이미 아는 내용을 '생략'하는 방식**

  – 학생들이 이미 알고 있는 내용 '생략'하기

[4과10-02] 물이 얼 때, 얼음이 녹을 때, 물이 증발할 때와 끓을 때, 수증기가 응결할 때의
지식·이해

변화를 / 관찰할 수 있다.
과정기능

교사는 [4과10-02]에서 제시하고 있는 물이 얼음으로 변하거나 수증기로 변할 수 있다는 사실은 많은 학생들이 일상의 경험을 통해 이미 알고 있는 내용이라고 판단할 수 있다. 이런 경우 성취기준은 학생을 중심으로 해석할 수 있다. 따라서 성취기준을 수업으로 구체화하고자 할 때 굳이 이미 아는 내용을 반복하기보다는 성취기준의 뒷부분인 '관찰하기'에 초점을 두어 관찰 및 탐구 학습에 좀 더 많은 시간을 배치할 수 있다. 세부 수업 계획은 다음과 같이 구성할 수 있다.

[표 13] 이미 아는 내용을 '생략'하는 방식 수업 계획의 예

차시	수업 내용	비고
1	물의 상태 변화 • 물의 상태가 달라져도 같은 점과 다른 점	
2~3	• 실험 1: 물이 얼 때와 얼음이 녹을 때 달라지는 점은? • 생활에서의 활용 사례, 문제 해결 경험 나누기	
4~5	• 실험 2: 물이 증발할 때와 끓을 때 달라지는 점은? • 생활에서의 활용 사례, 문제 해결 경험 나누기	
6~7	• 실험 3: 수증기가 응결할 때 달라지는 점은? • 생활에서의 활용 사례, 문제 해결 경험 나누기	
8~9	• 물질의 상태 변화는 왜 일어날까? • 일상생활 속 상태 변화 찾기 • 탐정 놀이	
10	• 과학 글쓰기: 물의 상태 변화와 우리 생활과의 관계	수행평가

• **[학생 중심] 진짜 배워야 할 것에 '집중'하는 방식**

  – 이 성취기준을 '배워야 하는 이유'에 집중하기

[6사03-02] 일상생활에서 인권이 침해되는 사례를 찾아 그 해결 방안을 탐색하고,
지식·이해   과정기능

인권을 보호하는 활동에 참여한다.
가치·태도

우리가 아이들에게 인권을 가르치는 이유는 '우리 삶에서 왜 인권이 중요하고 인권이 침해되는 다양한 사례를 통하여 최소한의 인간다운 삶을 산다는 것이 무엇인지 이해함으로써 인권 문제의 해결 방법을 제시하고 삶 속에서 인권을 보호하는 활동에 참여할 수 있는 태도를 기르고자 함'이다. 실제로 성취기준 해설(교육부, 2022)에서도 '일

상생활에서 발생하는 인권 침해 문제의 해결 방안을 제시할 수 있는 능력을 기르도록 설정한 것이다.', '인권 문제 해결과 관련된 토론 및 문제 해결의 과정을 통해 인권 보호 활동에 참여하는 능력과 태도를 함양하는 데 중점을 둔다.'고 설명한다. 이는 인권의 개념을 인지적으로 기억하고 구분하는 데 초점을 두는 것이 아니라, 국가와 그 안에 살고 있는 국민으로서 최소한의 인권이 보장되어야 함에 초점을 두고 문제 해결 능력과 함께 태도 함양에 집중해야 함을 의미한다.

이처럼 진짜 배워야 할 것에 '집중'하는 성취기준 해석 방식은 '학생들에게 보다 의미 있는 배움이 일어날 수 있도록 하기 위해 무엇에 집중할 것인가'에 대한 교사의 철학과 교육과정 전문성이 요구된다. 성취기준이 학생들에게 암기해야 하는 내용으로서의 지식이 아니라 우리가 사는 세상을 이해하고 인간을 바라보는 조화로운 안목을 길러주도록 '진짜 배워야 할 것'에 집중할 때, 이는 교과의 성격 즉 교과 교육 본연의 목표를 달성할 수 있게 된다. 그러므로 학생을 중심에 두고 배움이 일어날 수 있도록 다양성과 개별성을 기반으로 하는 교육과정 개발 주체로서의 교사의 역할이 더욱 중요하다. 세부 수업 계획은 다음과 같이 구성할 수 있다.

[표 14] 진짜 배워야 할 것에 '집중'하는 방식 수업 계획의 예

차시	수업 내용	비고
1~2	• ○○ 사례로 인권 알아보기 – 사례와 관련된 헌법상 인권 침해 문제는? – 인권과 의무가 충돌하는 지점은? – 그 해결 방안은?	학생들의 삶과 연관된 다양한 사례 중심 수업하기

3~4	• 내가 찾은 인권 문제 – 왜 문제라고 생각하는가? • 나의 생각 & 우리의 생각	인권과 의무의 충돌에 대한 이해, 개인과 공동체 간의 조화가 필요함을 이해하기
5~6	• 인권 문제 해결과 관련된 토론하기	
7~8	• 인권 문제 해결 방안을 글로 정리하기	

성취기준의 재구조화란?

성취기준 재구조화란, '학습량 적정화를 위해 **성취기준을 실제 수업 이나 평가의 상황에서 준거로 사용하기에 적합하도록 재구조화하는 것**' 을 의미한다. 동일하거나 유사한 기능을 포함하고 있는 성취기준을 연계하여 재구조화하거나, 하나의 핵심개념 내에서 2개 이상의 내용 요소를 연계하여 지도하기 위해 성취기준을 재구조화할 수도 있다.

다만 성취기준을 통합하거나 일부 내용을 압축하여 재구조화할 경 우 성취기준의 내용 요소 일부가 임의로 삭제되지 않도록 유의해야 한다. 그리고 일부 내용 요소를 추가해야 하는 경우에는 학생의 학습 및 평가 부담이 가중되지 않도록 학년(군), 학교급 및 교과(군) 간의 연계성을 충분히 고려해야 한다(「학교생활기록 작성 및 관리 지침」(교육부 훈령 제365호) 해설 및 기재요령, 2022).

[표 15] 성취기준 재구조화 개발 및 활용 방안

성취기준 재구조화		재구조화 성취기준 활용	
현행 성취 기준 →	통합	2~3개 성취기준을 통합하여 **차시 감축 및 다양한 학습 연계**	→
	재조정	성취기준 기능, 내용 요소 재조정을 통해 **상호작용 촉진**	
	유지	기본적인 성취기준은 유지하여 **학습결손 예방**	

출처: 교육부, 2021

교수·학습: 학생 활동 중심의 수업 사례, 탐구 활동·내용에 따라 **블록타임제 활용**, 성취기준 재구조화를 통한 교수·학습 설계

평가: 성장중심평가, 수행평가 중심, 학습내용의 성취기준과 목표, 창의력 및 사고력 함양, **학습동기 유발** 등을 고려한 평가 시행

• **성취기준의 재구조화 – 통합**

영어과 2015 개정 교육과정의 성취기준은 듣기, 말하기, 읽기, 쓰기의 4가지 기능이 분리되어 제시되고 있어 마치 영어 의사소통 기능이 각각 분절된 듯한 인상을 준다. 그러나 사실상 실제 의사소통 상황에서는 4가지 기능이 통합되어 상호보완적으로 작용한다. 따라서 구성원리가 같은 이해 기능끼리, 표현 기능끼리 통합하여 재구조화할 수 있다. 이때 기존의 성취기준과 같이 핵심개념과 내용 요소, 기능은 모두 포함되도록 한다.

다음은 이해 기능의 위계에 명시되어 있는 세부 기능 중 '파악하기' 기능을 중심으로 통합한 예시이다(교육부, 2021).

[표 16] 중학교 영어 이해 기능 성취기준의 재구조화(통합) 예시

〈듣기 성취기준 구성 원리〉

[9영01-04]	일상생활이나 친숙한 일반적인 주제에 관한	말이나 대화를 듣고	줄거리, 주제, 요지를 파악할 수 있다.
	⇩	⇩	⇩
	소재의 범주 및 난이도	입력의 유형 및 수준	이해 기능의 위계

〈읽기 성취기준 구성 원리〉

[9영03-04]	일상생활이나 친숙한 일반적 주제의	글을 읽고	줄거리, 주제, 요지를 파악할 수 있다.
	⇩	⇩	⇩
	소재의 범주 및 난이도	입력의 유형 및 수준	이해 기능의 위계

통합 [9영01-04/03-04] 일상생활이나 친숙한 일반적 주제에 관한 말이나 대화를 듣거나 글을 읽고 줄거리, 주제, 요지를 파악할 수 있다.

출처: 교육부, 2021

　　[표 16]의 통합된 성취기준은 학습자들이 주변에서 접하게 되는 일상적이고 친숙한 일반적 주제에 관한 말이나 대화를 듣거나 글을 읽고 중심 내용을 파악하는 능력을 향상시키기 위한 것이다. 학생들은 학교생활, 사회생활 등에서 흔히 접할 수 있는 말이나 대화를 듣거나 글을 읽고 줄거리를 이해하거나 주제나 요지를 파악하는 활동을 할 수 있으며 핵심 단어를 사용하여 요약하는 활동과 연계하여 의사소통 능력을 기를 수 있다.

　　영어과 2022 개정 교육과정에서는 영어 교육의 궁극적 지향점을 영어 의사소통 역량에 두고 2015 개정 교육과정에서 듣기, 말하기, 읽기, 쓰기 등의 언어 기능별 영역으로 분류하던 기존의 방식에서 탈피하여 '이해'와 '표현'의 2가지 영역으로 설정하였으며, 두 영역의 결합된 형태로 영어 사용자 간 상호작용을 중시하고 있다

이해

[9영01-03] 친숙한 주제에 관한 담화나 글의 중심 내용을 파악한다.

표현

[9영02-07] 친숙한 주제에 관해 듣거나 읽고 내용을 요약한다.

• **성취기준의 재구조화 – 재조정**

성취기준의 기능 및 내용 요소의 재조정이 필요한 경우도 있다. 성취기준에 제시되어 있는 기능 및 내용 요소를 학생이 쉽게 습득하기 어려운 경우에는 이를 세분화할 필요가 있다. 성취기준을 두 부분으로 분할하여 수업을 진행하는 것이 학생의 이해를 높이는 데 효과적이기 때문이다.

예를 들어, 중학교 영어과 2015 개정 교육과정의 쓰기 영역 중에서 "[9영04-06] 간단한 초대, 감사, 축하, 위로, 일기, 편지 등의 글을 쓸 수 있다."라는 성취기준은 다양한 장르의 글쓰기 활동을 안내하고 있다. 이는 2022 개정 교육과정의 표현 영역에도 "[9영02-08] 간단한 일기, 편지, 이메일 등의 글을 쓸 수 있다."와 같이 마찬가지로 제시되어 있다.

그러나 해당 성취기준으로 교수·학습 활동을 실행하다 보면 학생들이 어려움을 겪을 때가 많다. 편지나 이메일의 경우, 글의 목적과 대상에 따라서 사용되는 글의 형식이나 어휘 표현 등이 다양해지기 때문이다. 또한 국문과 영문 편지 및 이메일 형식에는 차이가 존재하기도 한다. 심지어 디지털 시대를 살아가는 요즘 학생들은 온라인 대화 및 문자, SNS 등 다양한 디지털 매체에 훨씬 익숙해져 있다.

따라서 기존의 성취기준 "[9영02-08] 간단한 일기, 편지, 이메일 등의 글을 쓸 수 있다."를 '편지나 이메일 등의 글의 특징을 파악한다'와 '편지나 이메일 등의 글을 쓸 수 있다'로 분할하여 교수·학습 과정을 설계하는 것이 가능하다. 더 나아가 이를 국어 교과와 연계한다면 학생이 국문과 영문 형태 간의 차이점을 알게 함으로써 영문 형태의 편지나 이메일을 작성하는 데 도움을 줄 수 있다.

성취기준을 개발할 때 고려할 점

    국가 교육과정에서는 지향하는 인재상과 더불어 학생들이 평생 교육을 통해 이루어야 할 교육 목표와 그에 따른 각 교과별 세부 목표, 학교급별 목표를 제시하고 있다. 교사는 학생이 성취기준에 도달하기 위해서 무엇을, 왜, 어떻게 가르쳐야 하는지 결정해야 한다. 그리고 이러한 의사결정은 학습 내용에 대한 견고한 이해를 바탕으로 이루어져야 한다. 그뿐 아니라 교사가 몸담고 있는 학교의 지역적 특성과 맥락, 학생들의 흥미와 관심, 수준 등이 매우 다양하기 때문에 이에 대한 고려도 필요하다.

• 핵심개념을 기반으로 한다

　성취기준을 개발할 때에는 지식, 기능, 가치 및 태도 등의 각 영역
별 핵심 내용을 반영해야 한다. 학생의 삶을 중심으로 삼되, 공동체성
을 바탕으로 학교 교육공동체의 필요와 요구 중 가장 핵심적인 내용
과 기능, 가치와 태도 등을 선정하여 핵심개념으로 사용하고, 성취기
준의 구조를 수행의 형태로 개발해야 한다.

　예를 들어 '세계 여러 지역의 경제적 차이를 알아본다' 또는 '과거
부터 현재까지 기술의 변화를 안다' 등 보다는 '지리적 환경과 천연
자원이 지역의 경제적 잠재력을 형성하는 데 도움이 된다는 것을 이
해하기 위해 세계 여러 지역의 경제적 차이를 파악한다', '기술의 발
전이 사회의 사회적/경제적 생활양식을 변화시킨다는 점을 이해하기
위해 과거부터 현재까지 기술의 변화를 비교한다'와 같이 성취기준
은 학생들이 이를 왜 배워야 하는지 '이해'와 '핵심개념'을 고려한 형
태로 개발되어야 한다(H. Lynn Erickson, 2019).

　온정덕(2019)에 따르면 학년별 학습 요소를 담은 성취기준은 어떠
한 핵심 아이디어와 연결되는지를 반드시 보여주어야 함을 강조하고
있다. 성취기준을 단원명이나 활동 중심으로 제시하기보다 영역별로
혹은 영역들을 아울러 학습자가 배운 내용을 바탕으로 궁극적으로
어떠한 수행을 할 수 있어야 하는지를 드러내어 역량을 구현할 수 있
도록 해야 하는 것이다.

• 적정한 학습량과 연계성을 고려한다

성취기준을 개발할 때에는 학생의 학습 및 평가 부담을 가중시키지 않도록 유의해야 한다. 이를 위해 학습 경험의 연속성, 교과(군) 간 연계성 등을 고려하고, 수업과 평가 시 준거가 되도록 구체적이고 명료하게 서술해야 한다.

예를 들어 2015 개정 교육과정의 성취기준 중 '[9영04-06] 간단한 초대, 감사, 축하, 위로, 일기, 편지 등의 글을 쓸 수 있다.'는 초대, 감사, 축하, 위로, 일기, 편지 등의 다양한 형태의 글쓰기 활동을 제시하고 있다. 그런데 교육과정 재구성을 하면서 학생들의 영어 수준을 감안하지 않은 채 '글의 응집성과 일관성을 요구하는 긴 길이의 논설문 등을 쓰도록' 성취기준을 개발하여 수업하고자 한다면, 내용의 좋고 나쁨을 떠나 학생들에게 학습 및 평가 면에서 엄청난 부담을 줄 수밖에 없다.

또한 이미 제시된 성취기준 중 관련된 성취기준이 있는지 확인하는 것도 필요하다. '[9영04-06] 간단한 초대, 감사, 축하, 위로, 일기, 편지 등의 글을 쓸 수 있다.'의 경우 성취기준이 방법적 도구로 활용될 수 있는 만큼, 내용 성취기준과 통합하여 지도하면 개발 및 지도의 부담을 덜 수 있기 때문이다.

이처럼 성취기준의 개발은 꼭 필요한 경우에 한하며, 성취기준을 개발할 때에는 학년(군), 학교급 및 교과(군) 간의 연계성을 면밀히 고려해야 한다.

성취기준을 이용하는 것이 왜 좋은가요?

학교 현장에서 활용하는 가장 일반적인 교수·학습 자료는 교과서이다. 교과서는 각 분야의 교과 전문가 집단의 공동 노력의 산물이며, 그 자체로 유의미한 구체적인 학습 내용을 담고 있다. 따라서 초등과 같이 한 교사가 여러 교과를 담당하는 경우에는 '무엇을 어떻게 가르쳐야 하는가'에 대해 교과서가 구체적인 정보를 제공해 주기 때문에 학습 준비 면에서 큰 도움이 되는 것이 사실이다. 그러나 교과서는 공통성, 일반성을 전제로 제작된 자료이므로, 내가 사는 지역, 학생들의 특수한 상황을 모두 반영하기에는 어려움이 있다.

- 「초·중등교육법」 제20조 (교직원의 임무)
  ③ 교사는 법령에서 정하는 바에 따라 학생을 교육한다.

- 「초·중등교육법」 제23조 (교육과정 등)
  ① 학교는 교육과정을 운영하여야 한다.
  ② 국가교육위원회는 제1항에 따른 교육과정의 기준과 내용에 관한 기본적인 사항을 정하며, 교육감은 국가교육위원회가 정한 교육과정의 범위에서 지역의 실정에 맞는 기준과 내용을 정할 수 있다.

「초·중등교육법」 제20조 3항 및 제23조 1항에 의거, 교사는 법령에서 정하는 바에 따라, 교육과정을 운영하여야 하며 교수·학습의 내용은 각 교과 교육과정에서 제시하는 내용 체계표와 성취기준에 담겨 있으므로 이를 다룰 수 있어야 한다.

교사가 교수·학습 자료로 성취기준을 사용하면 다음과 같은 강점이 있다.

• **교과서 진도 부담에서 벗어날 수 있다!**

교사가 교수·학습 자료로 성취기준을 사용하면 교과서 진도 부담에서 벗어날 수 있다는 사실은 교과서 분량과 성취기준을 비교하면 쉽게 이해할 수 있다.

[표 17] 2015 음악과 성취기준 내용

○ 3~4학년군의 교육과정 성취기준이며, 학년은 단위학교 자율표시(출판사별 상이)

영역	교육과정 성취기준	교과서 반영	
		3학년	4학년
표현	[4음01-01] 악곡의 특징을 이해하며 노래 부르거나 악기로 연주한다.		
	[4음01-02] 악곡에 어울리는 신체표현을 한다.		
	[4음01-03] 제재곡의 노랫말을 바꾸거나 노랫말에 맞는 말붙임새로 만든다.		
	[4음01-04] 제재곡의 리듬꼴이나 장단꼴을 바꾸어 표현한다.		
	[4음01-05] 주변의 소리를 탐색하여 다양한 방법으로 표현한다.		
	[4음01-06] 바른 자세로 노래를 부르거나 바른 자세와 주법으로 악기를 연주한다.		
감상	[4음02-01] 3~4학년 수준의 음악 요소와 개념을 구별하여 표현한다.		
	[4음02-02] 상황이나 이야기 등을 표현한 음악을 듣고 느낌을 발표한다.		
생활화	[4음03-01] 음악을 활용하여 가정, 학교, 사회 등의 행사에 참여하고 느낌을 발표한다.		
	[4음03-02] 음악을 놀이에 활용해 보고 느낌을 발표한다.		
	[4음03-03] 생활 속에서 활용되고 있는 국악을 찾아 발표한다.		

출처: 교육부, 2019

[그림 2] 초등학교 3학년 음악 교과서

출처: 양종모 외, 2014

[표 17]과 [그림 2]로 음악과 성취기준과 교과서를 비교해 보자. 2015 개정 교육과정에서 3~4학년군에 배당된 음악과 성취기준은 모두 11개이다. 따라서 교사는 평균적으로 학기당 3~4개의 성취기준을 중심으로 모든 학생들이 성취기준에 도달할 수 있도록 교수·학습을 준비하면 된다. 그러나 4학년 음악 교과서의 경우에는 총 84쪽 분량을 다뤄야 한다. 교과서는 연간 수업 일수에 맞춰 가르쳐야 할 내용을 차시 단위로 개발하도록 되어 있어 지도 분량이 늘어나게 된 것이다. 물론 교과서의 내용을 모두 가르칠 필요는 없다. 그러나 교과서를 모두 가르쳐야 한다는 인식을 가지고 있다면 교과서 진도 나가기에 대한 부담을 가질 수밖에 없는데 이 부담에서 벗어나게 해 주는 것이 성취기준이다.

- **학생들의 필요와 요구를 반영한 맞춤형 수업이 가능하다!**

성취기준은 교과에서 강조하는 핵심개념을 중심으로 진술되는 특성에 따라 세부적인 내용 및 교수·학습 방법에 있어 보다 자율성을 갖는다. 성취기준을 도달하기 위한 내용 소재 및 교수·학습 방법, 전략 등을 자율적으로 선정할 수 있기 때문이다.

이러한 점에서 교과서에 제시된 내용에 따라 진도 나가기 수업을 하는 것보다 성취기준을 반영한 교육과정을 운영하는 것이 현재 우리 학급 학생들의 필요와 요구를 보다 적절하게 반영하는 선택이다. 성취기준을 중심으로 교수·학습을 전개할 때, 개별 학습의 특성을 고려한 맞춤형 수업이 가능한 것이다.

- **'깊이 있는 학습'이 가능하다!**

> 그동안 교육내용 적정화는 교육과정 개정의 시기마다 빠지지 않는 주요 사항으로 등장하였다. … 이는 교육내용 적정화를 단순히 양적 감축 차원에서 접근했기 때문이다. 단편적인 사실들로 이루어진 교육내용은 그대로 둔 채, 단지 성취기준의 개수를 표면적으로 줄이는 방식으로는 근본적인 해결이 이루어질 수 없다. … 교육내용 적정화의 보다 궁극적인 목적은 **학습 경험의 질 개선을 통한 유의미한 학습**에 있다. 따라서 이번 2015 개정 교육과정에서는 … **소수의 핵심개념을 중심으로 교과 교육과정을 재구조화**하고자 하였다.
>
> _교육부, 2018: 29

역량 기반 교육과정에서 성취기준은 '핵심개념'[18]을 반영하여 '내용과 기능'으로 진술된다. 즉 교과의 전체적인 구조를 보여줄 수 있는 근본적인 아이디어에 해당하는 핵심개념을 결정하고 이를 전체 학교급을 관통하는 일반화된 지식 및 기능으로 구조화함으로써, 하위 개별 성취기준들 사이의 관련성과 연계성을 높이는 것이다. 이로써 핵심개념을 중심으로 한 성취기준 중심의 교수·학습은 교과 지식 간의 통합 가능성을 높이며 학생들의 융합적 사고를 돕는 역할을 한다.

이처럼 성취기준을 중심으로 가르친다는 것은 교육내용 측면에서 교수·학습의 내용 자체도 줄어들 뿐 아니라, 낱낱의 사실적 지식이

---

18 핵심개념이란, 교과의 성격을 드러내는 기초 개념과 원리를 포함하는 근본적인 아이디어이다. 이는 학습 내용의 구조를 드러내며 그 교과에서 가장 핵심적인 아이디어가 무엇인지 보여준다. general ideas, big ideas와 유사한 의미라고 할 수 있다(「2015 개정 교육과정 총론 해설서」: 29).

아닌 이를 아우르는 상위의 개념(concepts)을 다룸으로써 보다 긴 시간 동안 깊이 있는 학습을 가능하게 한다. 역량 교육과정이 내세우는 'Less is More'이 가능한 것이다.

초등 1학년 통합교과 '하루' 단원을 예로 살펴보자. 한 달 분량의 '하루' 교과서에는 총 39개의 수업(20개의 주제 수업과 8개의 놀이 수업, 4개의 안전 수업을 포함함.)이 병렬적으로 제시되어 있다. 따라서 교과서로 수업하는 경우 기본 48차시 이상(지도서 기준)의 내용을 다루어야 한다. 이는 교사에게도 그리고 학생에게도 진도 나가기에 대한 부담을 줄 수밖에 없다.

그러나 통합교과 지도서에서도 안내된 것과 같이 '교사는 수업을 고르거나 만드는 등 단원을 다양하게 전개할 수 있다(바슬즐 지도서, 2024)'. 이때의 기준이 바로 교과의 핵심 아이디어 그리고 성취기준인 것이다. 핵심 아이디어 및 성취기준에 따라, '하루' 단원의 최종 목표를 '하루의 소중함'으로 정하고, 다양한 하루의 모습을 통해 '하루마다 정해진 일과가 있다.', '하루하루 살아 볼 만한 가치가 있다.', '하루를 활기차고 건강하게 보낸다.' 등의 성취기준에 따라 주제 수업 및 놀이 수업, 안전 수업의 내용 중에서 일부를 선택하여 깊이 있는 교수 · 학습을 진행하고, 나아가 학생들의 의견, 흥미 등을 반영하여 교과서 이외의 수업을 추가할 수도 있는 것이다.

　이처럼 핵심개념 · 성취기준 중심의 교수 · 학습 운영은 교사의 교육과정 개발자로서의 역량을 통해 학생들이 학습 내용을 더 깊이 들여다보고 더 깊이 생각해 볼 수 있도록 시간적 여유를 제공한다.

　교사는 학교 교육과정의 최종적 실행자인 동시에 학생들의 능력과 요구를 가장 잘 파악하고 학교의 지역적 특수성을 가장 잘 아는 사람이다. 따라서 교사는 단순히 교육과정 사용자가 아니라 교육과정의 실천가이자 동시에 개발자 및 결정자로서의 전문적 역량을 발휘할 수 있도록 지속적인 노력을 기울여야 한다(교육부, 2010: 13).

성취기준이 반영된 평가
그리고 채점기준

• **성취기준이 도입된 이후 평가는 어떻게 달라졌을까?**

국가 수준에서의 성취기준 및 평가기준 개발은 국가 교육과정의 질 관리와 학교에서의 평가활동을 돕기 위한 목적으로 교육과정이 개정될 때마다 이루어져 왔으며, 그동안 학교 현장에서 교육과정과 함께 교수 · 학습 및 평가의 실질적인 근거로 활용되어 왔다.

또한 교육 현장에서도 평가의 방향을 변화시키려는 노력으로 2012년부터 단계적으로 성취평가제를 도입하였다. 성취평가제는 개별 학생의 능력에 대한 정확한 진단을 통한 학습개선을 목표로, 국가 수준의 교육과정에 근거하여 개발된 교과목별 성취기준을 준거로 교수 · 학습 활동과 평가를 실시하고, 학생들이 어느 정도 성취했는가를 A-B-C-D-E (또는 A-B-C, P)로 성적을 부여하는 제도이다. 즉, 성취평가제는 교육과정에 근거한 성취기준을 준거로 수업을 진행하고 평가하여 학생들이 성취기준에 어느 정도 도달하였는지를 평가하는 준거참조평가(절대평가)이다(이미경 외, 2017).

학교생활기록부 기재요령 중 교과학습 발달상황 평가 및 관리에 따르면 교과학습의 평가는 학교 및 교과의 특성에 따라 다양한 방법으로 실시할 수 있으며, 성취기준에 기반하여 수업시간 중에 실시하도록 되어 있다. 평가의 세부적인 사항은 시·도교육청의「학업성적관리 시행지침」에 따라 학교가「학업성적관리규정」으로 정하도록 하고 있으며, 시·도교육청의「학업성적관리 시행지침」에는 '성취기준에 근거하여 교사가 가르친 내용을 평가하며, 교수·학습 활동과 평가가 일관성 있게 이루어지도록 하는 것'으로 평가 방향을 정하고 있다.

• **성취기준과 평가기준, 평가요소, 채점기준의 이해**

'성취기준'이란 학생들이 교과를 통해 배워야 할 내용과 이를 통해 수업 후 할 수 있거나 할 수 있기를 기대하는 능력을 결합하여 나타낸 활동의 기준을 의미한다. 성취기준은 교수·학습 및 평가의 실질적인 근거로 교사가 무엇을 가르치고 평가해야 하는지, 학생이 무엇을 학습하고 성취해야 하는지에 관한 실질적인 지침이 된다.

'평가기준'이란 학생의 학습 정도를 판단하기 위해 각 성취기준에 도달한 정도를 상, 중, 하의 세 단계로 구분하고, 각 도달 정도에 속한 학생들이 무엇을 알고 있고, 무엇을 할 수 있는지를 기술한 것이다.

'평가요소'란 교육과정 성취기준 도달의 증거로 학생들이 보여주기를 기대하는 핵심 내용을 구체적으로 기술한 평가 내용을 의미한다. 평가 방법을 선정하고 채점기준을 만들기 위해서는 평가요소를 선정해야 하는데, 평가요소는 평가의 목표와 특성을 고려하여 교육과정 성취기준에서 도출되며 학생들의 수행 정도를 판단할 수 있도록 지식·이해, 과정·기능, 가치·태도와 같은 구체적인 내용으로 기술된다.

채점기준(루브릭)은 학생의 수행을 평가하기 위해 일련의 평가요소를 모아 놓은 하나의 종합세트이며, 각 평가요소에 기반해 학생의 수행을 수준별로 기술한 것이다(Susan M.Brookhart, 2013).

• **성취기준을 통한 평가**

학년협의회나 교과협의회에서는 평가 계획에 반영할 성취기준 설정 등 공동으로 반영할 사항을 협의하고 이를 바탕으로 학년이나 교과 평가 계획을 작성한다. 또한 학교의 여건을 고려하여 필요시 학급별로 평가 계획을 달리 정할 수 있다.

평가 계획에는 각 교과별 평가의 성취기준 및 영역, 평가요소, 평가 방법, 평가 시기 등을 포함한다. 평가 계획에 포함된 성취기준은 평가 도구(평가 과제와 채점기준표 등)를 작성하여 사후에 결재를 득하며, 결재 권한에 관한 위임은 학교 「학업성적관리규정」으로 정할 수 있다. 평가할 때에는 반드시 성취기준에 근거하여 교사가 가르친 내용을 평가하며, 교수·학습 활동과 평가가 일관성 있게 이루어지도록 한다.

'교과 세부능력 및 특기사항'의 기술은 성취기준과 성취수준에 근거하여 학생 개인의 성취 과정과 성취 특성이 명료히 드러나도록 하되, 수업에서 이루어진 활동의 단순 나열이나 이미 성취기준에 명시된 지식의 단순 서술은 지양한다.

학교는 교육과정의 성취기준에 기반한 평가 계획에 따라 교수·학습 과정에서 학생의 변화와 성장에 대한 자료를 다각도로 수집하여 적절한 피드백을 제공하는 과정 중심 평가를 통해 교수·학습의 질을 제고한다.

- ● **성취기준을 이용한 채점기준 작성**

채점기준의 사용원리는 수행 결과에 대해 "판단"을 내리는 것이 아니라, 채점기준상의 수행 수준별 기술과 "연결"하는 것이다. 따라서 채점기준은 학생의 수행 수준을 고려하여 미리 작성되어야 하며, 적절한 평가요소와 잘 작성된 수행기술을 포함해야 한다.

채점기준의 목적은 체계적으로 구조화된 관찰을 가능하게 한다는 데 있다. 교사에게는 어떻게 가르쳐야 할지에 대한 정보를 제공하고 학생에게는 피드백을 제공한다.

채점기준은 분석적 채점기준과 총체적 채점기준으로 나뉜다. 분석적 채점기준은 평가요소별로 나누어서 각각 기술하지만, 총체적 채점기준은 모든 평가요소를 동시에 적용하여 수행의 질에 관해 전반적인 판단을 내리게 한다. 대부분의 교실 상황에서는 분석적 채점기준을 사용하는 것이 학생의 피드백 차원에서 유용하다. 총체적 채점기준은 평가요소에 관해 개별적으로 판단 내릴 필요 없이 1가지 결정만

하면 되는 경우의 총괄평가에 더 적합하다.

[표 18] 분석적 채점기준과 총체적 채점기준의 특징

유형	정의	장점	단점
분석적 채점기준	평가요소 (측면, 특성)가 각각 평가됨	– 교사에게 진단적 정보 제공 – 학생들에게 형성적 피드백 제공 – 총체적 채점기준보다 수업 연계 쉬움 – 형성평가에 적합하고 총괄평가에도 적용 가능함. – 성적 산출을 위해 총점이 필요한 경우, 각 점수를 더할 수 있음.	– 총체적 채점기준보다 채점에 시간이 더 걸림 – 총체적 채점기준보다 채점자 간 신뢰도를 확보하는 데 더 많은 시간이 요구됨
총체적 채점기준	모든 평가요소 (측면, 특성)가 동시에 평가됨	– 분석적 채점기준보다 빠른 채점 가능 – 더 짧은 시간에 채점자 간 신뢰도 확보 가능 – 총괄평가에 적합	– 총점만으로는 어떻게 수행을 향상할 수 있는가에 관한 정보를 전달하지 못함 – 형성평가에는 적합하지 않음

출처: Susan M. Brookhart, 2013, p26.

성취기준을 이용한 채점기준 작성을 위해서는 먼저 평가기준의 수와 명칭을 정해야 한다. 다음으로 '아주 잘함', '잘함', '보통', '기초'의 4가지 수준을 사용하는 경우, 각 수준이 의미하는 바를 기술한다. 이때 각 수준에 대한 기술은 학년 또는 교과협의회에서 합의가 필요하므로 교사 간 팀워크가 정말 중요하다.

하나의 성취기준에 관해서 다양한 평가가 가능하다. 평가를 진행하면서 학생이 '아주 잘함' 수준에 도달했는지 확인하고자 한다면 그에 상응하는 수행의 증거를 제공하는 추가적인 평가를 실시해야 한다. 또한 학생들은 스스로 자기 수행 과정을 추적하며 표나 그래프 형태로 나타낼 수 있다. 이는 해당 성취기준에서 학생 스스로 얼마나 발전했는지를 보여준다. 자신의 수행 과정을 스스로 추적함으로써 학생

들은 자신을 성찰하고 질문할 수 있으며, 성취기준에 대한 자신감을
향상시키고 자기 주도적으로 학습할 수 있게 된다(Susan M.Brookhart,
2013).

성취기준을 중심으로 평가하고 있나요?

　과정 중심 평가[19]는 '교육과정 성취기준에 기반한 평가 계획에 따라 교수·학습 과정에서 학생의 변화와 성장에 대한 자료를 다각도로 수집하여 적절한 피드백을 제공하는 평가이다(교육과정평가원, 2017). 이는 교육과정의 재구성을 통해 교사가 계획한 성취기준에 따라 교수·학습 과정에서 단계적으로 실시되는 평가이다. 따라서 교사는 **평가 계획에서 평가 도구 개발, 평가 시행, 평가 결과 활용 등까지 모든 단계를 성취기준에 근거해** 수립하고 실시해야 한다.

19　교육부와 한국교육과정평가원(2017: 6~7)에서는 수행평가를 학교 수준 학생평가 중 과정 중심 평가의 방향성을 담을 수 있는 대표적인 평가로 본다.

• 성취기준 & '평가 내용 및 평가요소'의 적합성

  우선 학생평가의 계획을 수립하는 첫 단계의 과정에서부터 교육과정의 성취기준과 평가가 연계되어야 한다. 예를 들어 2022 개정 교육과정의 중학교 영어의 이해와 표현 기능의 성취기준에 근거한 평가요소는 다음과 같이 추출할 수 있다.

[표 19] 2022 개정 교육과정의 중학교 영어과 성취기준 및 평가요소

성취기준	평가요소
[9영01-02] 친숙한 주제에 관한 담화나 글에서 세부 정보를 파악한다.	담화 및 글의 세부 정보 파악하기
[9영01-03] 친숙한 주제에 관한 담화나 글의 중심 내용을 파악한다.	담화 및 글의 중심 내용 파악하기
[9영02-04] 친숙한 주제에 관해 경험이나 계획을 설명하기	자신의 경험이나 계획을 설명하기
[9영02-06] 친숙한 주제에 관해 자신의 의견을 주장한다.	자신의 생각과 의견을 주장하기

  위 성취기준들은 모두 자연스러운 맥락에서의 의사소통을 전제로 하고 있다. 우리나라는 EFL(English as a Foreign Language) 교실 환경이지만, 교사는 학생이 자연스럽게 영어를 구사할 수 있도록 교수 · 학습 활동뿐만 아니라 평가 장면에서도 실제 상황과 가장 근접한 환경을 조성해야 할 것이다.

  그러나 실상은 그렇지 못하다. 영어 말하기 수업 및 평가의 현장을 자세히 들여다보면 학생들은 발표하기 위해 미리 작성하여 준비한 원고를 기계적으로 달달 외워 앵무새처럼 읊조리는 경우가 많다. 이와 같은 암기력 테스트는 어떤 성취기준에 근거하여 말하기 능력을 평가할 수 있는 것인가? 교육과정 성취기준에 근거할 때 '암기하기'

가 말하기 능력의 평가요소가 될 수 없다. 성취기준에 근거한 말하기 능력의 평가를 제대로 하고 있는지 한 번쯤 반성할 필요가 있다.

물론 모국어도 아닌 외국어로 학생이 자신의 의견을 여러 청중 앞에서 논리정연하게 개진하기란 결코 쉬운 일이 아니다. 흥미로운 것은 영어 구사 능력이 우수한 학생들조차 어려움을 겪는다는 사실이다. 그 이유는 무엇일까? 그것은 영어 실력에 기인하는 탓도 있겠으나, 실수하는 것에 대한 심리적 두려움에 기인한 긴장감과 불안감을 해소하지 못한 데 더 큰 이유가 있다.

이러한 문제를 해결하기 위해서는 준비한 원고를 달달 외우도록 하는 평가가 아니라, 학생들에게 말하기를 연습할 기회를 충분히 제공함으로써 자신감 있게 의견을 표현할 수 있는 환경을 조성해 주어야 한다. 이렇게 해야만 성취기준에 근거한 평가요소를 타당하게 측정할 수 있을 것이다.

• 성취기준 & '평가 도구' 개발의 적합성

성취기준은 평가 도구를 개발하는 과정에도 고려되어야 한다. 교사는 학생의 학습에 대한 정보를 수집하기 위해 다양한 평가 도구를 활용하여 성취기준에 대한 학생의 학업성취도를 판단한다. 그런데 평가 도구가 성취기준에 부합하지 않는 경우가 종종 있다.

예를 들어, 영어 교사들이 흔히 계획하는 수행평가 방법 중 하나가 영어 단어 쓰기 시험이다. 이는 주어진 영어 단어의 한국어 뜻을 쓰거나 반대로 한국어 단어를 듣고 영어로 쓰는 것을 평가하는 시험이다.

채점을 통해 학생이 맞춘 단어의 개수대로 평가에 반영하는 것인데, 어떤 성취기준에 근거하여 위와 같은 평가 방법이 시행되고 있는지 의문이 든다.

탈맥락화된 기계적인 단순 지식 암기식의 평가로 영어과 성취기준에서 의도하는 학생의 이해 및 표현 기능에서의 향상도나 영어 의사소통 역량을 어떻게 올바르게 측정할 수 있겠는가? 또한 영어 단어의 핵심 요소인 Form, Meaning, Use의 3요소를 학생이 이해하고 사용할 수 있는지 어떻게 제대로 측정할 수 있겠는가?

위의 [표 19]에서 제시한 중학교 영어과 2022 개정 교육과정의 성취기준에 근거한 평가요소를 측정하기 위해서 다음과 같은 평가 방법을 구성해 볼 수 있다.

[표 20] 2022 개정 교육과정의 중학교 영어과 평가요소 및 평가 방법

평가요소	평가 방법
담화 및 글의 세부 정보 파악하기	지필평가 – 선택형
담화 및 글의 중심 내용 파악하기	지필평가 – 선택형
자신의 경험이나 계획을 설명하기	지필평가 – 논술형 수행평가(논술형)
자신의 생각과 의견을 주장하기	지필평가 – 논술형 수행평가(논술형)

• 성취기준 & '채점기준'의 적합성

채점기준은 평가 내용을 상세화하며 학생들의 성취수준을 파악하여 상세한 정보를 제공하는 역할을 한다. 평가를 시행한 후 학생의 산출물은 성취기준에 따라 채점되어야 하며, 이를 위해 교사는 성취기

준에 근거한 채점기준을 개발해야 한다. 즉 채점기준은 성취기준에서 추출한 평가요소에 근거하여 구성되어야 한다. 이러한 채점기준에는 성취기준에 근거한 평가요소와 수행 수준, 평가 척도(배점) 및 수행 척도 등이 구체적으로 제시되어야 한다.

[표 21] 지필평가의 논술형 평가 채점기준의 예시

평가요소	수행 수준	배점	수행 척도
자신의 과거 경험 설명하기	기억에 남는 자신의 과거 경험 설명하기	4점	기억에 남는 과거의 경험에 대해 육하원칙에 근거하여 명확하고 구체적으로 제시한 경우
		3점	기억에 남는 과거의 경험에 대해 육하원칙에 근거하여 제시하였으나 4~5가지 내용을 부분적으로 제시한 경우
		2점	기억에 남는 과거의 경험에 대해 육하원칙에 근거하여 제시하였으나 2~3가지 내용을 제한적으로 제시한 경우
		1점	기억에 남는 과거의 경험이 거의 드러나 있지 않은 경우
		0점	작성하지 않은 경우
	언어 형식에 맞게 작성하기	3점	문법 및 철자의 오류가 5개 이하인 경우
		2점	문법 및 철자의 오류가 6~10인 경우
		1점	문법 및 철자의 오류가 11개 이상인 경우
		0점	작성하지 않은 경우
	다양하고 적절한 어휘 사용하기	3점	다양하고 적절한 어휘 표현을 사용한 경우
		2점	어휘 표현이 단순한 경우
		1점	같은 표현이 여러 번 반복된 경우
		0점	작성하지 않은 경우

그러나 학교 현장에서는 위와 같이 성취기준에 근거한 평가 채점기준보다 과제의 제출 기한이나 분량 등이 평가 채점기준이 되는 경우를 종종 보게 된다. 본래의 평가 목적에서 벗어나 평가가 이루어지는 것이다. 성취기준에 근거하여 추출된 평가요소가 채점기준 안에도 반영되어야 한다.

교사는 학생의 성장과 발달을 위해 학생과 학부모에게 학생의 학습
과정 및 결과에 대한 시의적절한 피드백을 제공해야 한다. 그리고 피
드백을 제공할 때에도 성취기준에 근거해야 한다.

김선(2021)에 따르면 교실 수업에서 '피드백은 교수 · 학습 과정과
결과에서 형식적, 비형식적 평가 활동을 통해 학생의 다양한 학습에
대한 증거를 수집하고 분석 및 해석한 후, 교사와 학생에게 학습의 개
선과 향상을 위한 정보를 제공하는 것'이라 하였다. 이때 정보는 학생
이 알고 있고 할 수 있는 것과 학생이 도달해야 할 학습 목표 사이의
간격을 줄일 수 있는 것이어야 한다. 이를 위해서는 정보 역시 성취기
준에 기반해야 한다.

단순히 "잘했어.", "좀 더 노력해 보자." 등과 같은 피드백은 학생이
자신의 수행에 대해서 구체적으로 무엇을 잘했는지, 어떤 부분에서 어
떻게 더 노력해야 하는지를 정확히 이해할 수 없다. 성취기준에 기반
한 피드백이 제공되어야 학생이 스스로 자신이 알거나 할 수 있는 것
이 무엇인지를 명확히 파악하고, 자신의 수행을 개선 또는 향상시키기
위해 무엇을 어떻게 해야 하는지에 대해 알 수 있을 것이다. 따라서 교
사는 성취기준에 근거한 성공적인 수행의 기준을 구체화하고, 이를 학
생이 이해할 수 있도록 상세하고 명확하게 안내해 주어야 한다.

더불어 교사도 학생들에게 피드백을 제공함으로써 학생들이 학습
과정에서 보인 증거들을 토대로 자신의 수업이 성취기준 달성과 역
량 함양과 같은 교육목표에 닿기 위한 최선의 방법으로 전개되었는
지 반성해야 한다. 나아가 이를 통해 수업의 개선을 도모할 수 있어야

한다. 교사도 평가 결과를 통해 학생들이 어느 정도로 어떻게 배우고 있는가를 확인하고, 학생들 각자의 향상과 개선을 위해 다음 단계의 교수·학습 활동을 어떻게 설계해야 하는지를 고민해야 하는 것이다.

성취기준 & 교과 평어
: 어떻게 기술해야 하나요?

우리나라의 모습이나 문화를 조사하여 삼각책 만들기로 소개할 수 있으며, 색종이로 한복 접기를 잘함.

쌓기나무로 여러 가지 모양을 만들 수 있으며, 주어진 쌓기나무를 보고 개수를 확인하여 위치나 방향을 이용하여 말할 수 있음.

다양한 경제활동 사례를 통해 가계와 기업의 합리적 역할을 이해하고 근로자의 권리와 기업의 자유 및 사회적 책임을 탐색할 수 있음.

교사는 **보통 성취기준을 중심으로 개별 학생의 도달 정도 및 특징, 장점이나 더 노력해야 할 점 등을 발전 가능성을 담아 긍정적으로 서술하는 방식으로 교과 평어를 기술해야** 한다. 그러나 위 사례에서 보듯이, 학교 현장에서의 평가 기술은 수업 활동을 단순 나열하거나 세부 수업 활동에 대한 특징(색종이로 한복 접기, 쌓기나무로 도형 만들기, 쌓기나무 개수 알아보기 등)만을 기술하는 경우가 많다. 또는 세 번째 사회과 평가 기술처럼 성취기준 그 자체를 진술하는 경우도 많다.

• 단원 중심 목표로 기술하기

현재의 학생 평가는 단원에 제시된 성취기준을 기준으로 하여, 성취기준의 지식, 기능, 태도 중 학생별 수행 능력 정도를 2~3가지 중심으로 차시 차원에서 기술하고 있다. 교과별 단원은 하나의 성취기준으로 이루어지기도 하지만 보통 하위의 여러 성취기준이 하나의 단원을 중심으로 통합되어 구성된다. 이는 교과서 단원을 개발할 때 여러 성취기준을 통합하는 중심축인 개념적 렌즈가 있고 이 중심축이 단원 개발의 목적이 된다(교육부, 2021)는 의미이다.

앞서 살펴본 사례에 대해 좀더 자세히 살펴보도록 하자. 우선 첫 번째 통합교과 평가 기술이다. 2022 개정 교육과정의 1~2학년군 영역 중 하위에 있는 여러 성취기준이 '우리나라'라는 큰 영역인 '단원'으로 묶인 만큼 하위 개별 성취기준의 도달 여부는 '우리나라를 제대로 이해하기'라는 단원 중심의 최종 목표로 수렴되어 평가되어야 한다. 즉 성취기준 하나하나는 단원 목표를 위한 과정적 성격이 있으므로 개별 성취기준의 도달 여부도 중요하지만, 각각은 '우리나라를 제대로 이해하기'라는 상위 목표와의 관련성 측면에서 그 수준과 정도가 기술되어야 하는 것이다.

두 번째 수학과 평가 기술이다. 수학과 '도형과 측정' 단원의 목표 역시 교육과정 해설서를 보면 '쌓기나무, 칠교판 등의 구체물을 이용한 모양 만들기를 통하여 도형에 대한 공간 감각을 기르게 한다.'라고 명시되어 있다. 즉, 쌓기나무 활동이 입체도형을 경험하는 직접적인 수업 도구이기는 하나 이를 통해 다양한 위치, 방향에서의 모양을 관찰하고 경험하게 하여 궁극적으로 공간 감각을 기르고자 하는 것이다. 따라서 수학 교과 역시 평어는 단원의 개별 성취기준 자체의 도달 여부를 기술하기보다는 단원의 최종 목표인 '공간 감각의 함양' 차원에서 서술될 필요가 있다.

단원은 개별 성취기준을 아우르는 핵심개념을 지향한다. 2015 개정 교육과정에서는 핵심개념이 너무 많아 교과를 아우르는 넓은 핵심개념이 나오지 못했다. 2022 개정 교육과정에서는 핵심개념 대신 핵심 아이디어라는 용어를 사용하여 영역별로 핵심 아이디어가 5개를 넘지 않도록 했다. 또한 핵심 아이디어는 교과 영역의 본질을 드러나도록 만들었다. 따라서 교과 평가는 핵심 아이디어를 고려해야 하며, 교과 평어도 성취기준을 기반으로 하되 단원이 궁극적으로 지향하는 핵심 아이디어의 관점에서 도달 여부를 기술할 수 있어야 한다.

평가가 학생의 입장에서 자신의 교과 학습 태도와 수행 능력에 대한 피드백이 되려면 지금의 성취기준 중심의 객관적인 도달 여부인 '잘한다', '부족하다' 등을 넘어 교수·학습의 계획에서부터 '성취기준을 통해 무엇을, 왜 배우는가?'에 대한 단원의 목표와 개념적 가치를 명료하게 할 필요가 있다.

• **지식·이해, 과정·기능, 가치·태도를 종합하여 총체적으로 평가하기**

교과 평어 기술을 할 때 교사는 '나는 무엇을 가르치고 평가하는가?'를 고민해야 하며 성취기준을 단편적으로 체크하여 진술하는 것을 넘어서야 한다. '무궁화 색종이 접기를 잘함', '태극기 색칠을 잘함' 등과 같이 세부 내용 또는 기능 위주의 기술을 넘어서서 '우리나라의 상징물을 알고, 국화, 국기의 특징을 설명할 수 있으며, 나라 사랑하는 마음을 종이접기와 그림 그리기, 협동화로 잘 표현함'과 같이 지식·이해, 과정·기능, 가치·태도를 종합하여 총체적으로 평가할 수 있어야 한다.

[표 22] 교과 세특 초등학교 기재 예시 도움 자료

학생의 성취수준	수행 과정 및 결과	역량	교사 총평

(…) 조사 학습에 흥미를 갖고 참여하고, 조사 결과를 토대로 관련된 사회현상을 연관 지어 교과 내용을 이해하는 능력을 발휘함. 시장에서 판매되는 생산지 조사 활동에서 누리집, 상품 안내판 등을 활용하여 다양하게 자료를 조사하고, 지역 간 경제 교류가 필요한 이유에 대한 모둠별 토의에서 자신의 생각을 적극적으로 발표함. 지역 간 물자를 교류하는 사례를 적극적으로 조사하였고, 지역 간 경제활동이 밀접하게 관련되어 있음을 친구들에게 잘 설명함. 학습한 교과 내용을 바탕으로 인터넷 누리집을 통해 사례를 수집하여 분석하고 모둠원들과 상호작용을 통해 발표 자료를 잘 작성함. (…)

교육과정 성취기준		평가기준
[4사04-04] 우리 지역과 다른 지역의 물자 교환 및 교류 사례를 조사하여, 지역 간 경제활동이 밀접하게 관련되어 있음을 탐구한다.	상	우리 지역과 다른 지역의 물자 교환 및 교류 사례를 조사하여 특징을 제시하고, 지역 간 경제활동이 밀접하게 관련되어 있음을 설명할 수 있다.
	중	우리 지역과 다른 지역의 물자 교환 및 교류 사례를 조사하여, 지역 간 경제활동이 관련되어 있음을 설명할 수 있다.
	하	우리 지역과 다른 지역의 물자 교환 및 교류 사례를 수집할 수 있다.

출처: 교육부, 2021

[표 22]는 사회과 교과학습 및 세부능력 특기사항 기재 예시자료이다. 이를 통해 확인할 수 있는 것은 2022 개정 교육과정에서는 학생이 수행할 수 있는 기능뿐만 아니라 학습 과정 중에 도움과 지원으로서의 평가, 학습의 과정과 평가를 스스로 점검해 보는 메타인지적 평가 등 학생의 수행 과정 및 이해를 기반으로 가치 · 태도와 같은 결과를 기록하는 평가를 강조한다는 사실이다. 따라서 기능 중심의 학생 성취수준 결과를 기술하는 것뿐만 아니라 학생의 수행 과정 및 결과, 지식 · 이해, 과정 · 기능, 가치 · 태도가 융합하여 총체적인 역량 등이 드러나는 진정한 과정 중심 평가가 이루어져야 할 것이다.

「기초학력보장법」에서 말하는
'최소한의 성취기준'이란?

　　2022년 3월 25일 시행된 「기초학력보장법」을 살펴보면 '최소한의 성취기준'이란 용어가 등장한다.

「기초학력보장법」
제2조(정의)
　1. **"기초학력"**이란 「초·중등교육법」 제2조에 따른 학교(이하 "학교"라 한다)의 학생이 대통령령으로 정하는 바에 따라 **학교 교육과정을 통하여 갖추어야 하는 최소한의 성취기준을 충족하는 학력**을 말한다.

「기초학력보장법 시행령」
　제2조(최소한의 성취기준 등)
　① 「기초학력보장법」 제2조제1호에 따른 **"최소한의 성취기준"**은 「초·중등교육법 시행령」 제43조 제1항에 따른 **국어, 수학 등 교과의 내용을 이해하고 활용하는 데 필요한 읽기 · 쓰기 · 셈하기를 포함하는 기초적인 지식, 기능 등**으로 한다.

「기초학력보장법」과 「기초학력보장법 시행령」에서는 '기초학력'을 학교 교육과정을 통해 갖추어야 하는 최소한의 성취기준을 충족하는 학력으로, '최소한의 성취기준'을 국어, 수학 등 교과의 내용을 이해하고 활용하는 데 필요한 읽기 · 쓰기 · 셈하기를 포함하는 기초적인 지식, 기능 등으로 정의하였다.

• 최소한의 성취기준 개발

「기초학력보장법 시행령」에 따르면 교육부장관은 최소한의 성취기준에 관한 구체적인 사항을 정하고 이를 기초학력 보장 종합계획에 포함하도록 하고 있다. 이에 지난 2022년 10월 교육부는 「제1차 기초학력 보장 종합계획(2023-2027)」을 수립하였고, 2022 개정 교육과정이 현장에 적용되는 시기에 맞춰 다음과 같이 최소한의 성취기준을 제공하고자 계획, 2023년 10월 공청회 후 1-2학년군의 최소한의 성취기준을 발표하였다.

[표 23] 최소한의 성취기준 제공 계획

제공 시기(안)	대상	교과	비고
23년 12월	초등 1–2학년	국어, 수학	교육청은 최소한의 성취기준 내에서 지역 실정에 맞는 세부 내용 지정
24년 12월	초등 3–4학년 중학교 1–3학년 고등학교 1학년	국어, 수학, 사회(역사) 과학, 영어	
25년 12월	초등 5–6학년	국어, 수학, 사회(역사) 과학, 영어	

출처: 국가기초학력지원센터, 2024

하지만 현장 교사 중 1-2학년군의 최소한의 성취기준이 개발되었다는 것을 아는 교사는 드물다. 공문을 통해 안내된 내용도 없고(저자가 근무하는 교육청 기준), 교사들이 많이 사용하는 에듀넷 홈페이지 등에서 찾을 수 없기 때문이다. 최소한의 성취기준 내용을 찾을 수 있는 곳은 기초학력 지원을 위해 새롭게 마련된 「국가기초학력지원센터」홈페이지(https://k-basics.org)였다.

1-2학년군의 최소한의 성취기준을 살펴보면 각 영역별 성취기준에서 일부 내용을 줄여 제시하였고, 지식, 기능 부분을 중점으로 개발되어 가치·태도 부분의 내용은 빠져있음을 확인할 수 있다.

[표 24] 초등 1-2학년군 최소한의 성취기준 (일부)

교과	영역	2022 개정 교육과정 성취기준	최소한의 성취기준
국어	듣기·말하기	[2국01-01] 중요한 내용이나 일이 일어난 순서를 고려하며 듣고 말한다. [2국01-02] 바르고 고운 말로 서로의 감정을 나누며 듣고 말한다. [2국01-03] 상대의 말을 집중하여 듣고 말차례를 지키며 대화한다. [2국01-04] 자신의 경험이나 생각을 바른 자세로 발표한다. [2국01-05] 듣기와 말하기에 관심과 흥미를 가진다.	• 일이 일어난 순서를 고려하며 듣고 말한다. • 자신의 감정을 표현하며 대화를 나눈다. • 상대의 말에 집중하며 대화한다. • 자신의 경험이나 생각을 발표한다.
수학	네 자리 이하의 수	[2수01-01] 수의 필요성을 인식하면서 0과 100까지의 수 개념을 이해하고, 수를 세고 읽고 쓸 수 있다. [2수01-02] 일, 십, 백, 천의 자릿값과 위치적 기수법을 이해하고, 네 자리 이하의 수를 읽고 쓸 수 있다. [2수01-03] 네 자리 이하의 수의 범위에서 수의 계열을 이해하고, 수의 크기를 비교할 수 있다. [2수01-04] 하나의 수를 두 수로 분해하고 두 수를 하나의 수로 합성하는 활동을 통하여 수 감각을 기른다.	• 100까지의 수를 셀 수 있다. • 네 자리 이하의 수를 읽고 쓸 수 있다. • 네 자리 이하의 범위에서 두 수의 크기를 비교할 수 있다.

출처: 국가기초학력지원센터, 2024

이는 다음 내용에서 확인할 수 있듯이 최소한의 성취기준 선정 기준(필수성)에서 밝히고 있는 내용이기도 하다.

□ 초등학교 1~2학년군 국어과 최소한의 성취기준 선정 기준
- **(기초성)** 해당 학년군 교과학습을 이수한 학습지원대상학생이 소화할 수 있는 수준의 내용
- **(필수성)** 상위 학년의 학습을 위해 꼭 필요한 내용으로 지식·이해, 과정·기능 중심 내용(가치·태도 중심 성취기준 제외)
- **(중핵성)** 다른 교과의 학습 및 일상생활에 도움이 되는 전이력 높은 교육 내용
- **(항존성)** 이전 교육과정 시기에 지속적으로 등장한 교육 내용

출처: 국가기초학력지원센터(2024)

연구진들은 최소한의 성취기준을 개발할 때 국어과인 경우 지금까지 개발된 성취기준(2011 개정, 2015 개정, 2022 개정 교육과정의 성취기준)에서 반복적으로 제시된 내용을 고려하였고, 수학과인 경우 TIMSS의 '보통수준', PISA의 '1수준', 국가수준 학업성취도평가의 '2수준' 성취수준 진술을 종합하여 기초적이고, 필수적이며, 중핵적인 교육 내용을 초점화하여 최소한의 성취기준을 개발하였다고 하였다.

하지만 현재 개발된 초등 1-2학년의 최소한의 성취기준만으로는 (중핵성), (항존성)과 같은 선정 기준에 맞게 개발되었는지 확인하기 어렵다. 2022 개정 교육과정 1-2학년군 국어, 수학 교과 성취기준 수에 비해 그 수가 줄어들었음이 확인되고 초등1-2학년의 교육과정이 첫 교육 활동이기에 (기초성), (필수성)이 담보되었다 할 수도 있다. 그러나 그것만으로는 부족하다.

[표 25] 초등 1-2학년군 성취기준과 최소한의 성취기준 수 비교

교과	영역	성취기준 수	최소한의 성취기준 수
국어	듣기·말하기	5	4
	읽기	5	4
	쓰기	4	4
	문법	3	3
	문학	4	3
	매체	2	1
수학	수와 연산	11	6
	변화와 관계	2	1
	도형과 측정	13	6
	자료와 가능성	3	3

출처: 국가기초학력지원센터, 2024

초등학교 1-2학년군에서부터 앞으로 개발될 고1까지의 최소한의 성취기준의 내용은 다른 교과 학습의 기초가 되고 학생들이 살아가는데 필수적이며, 학교 졸업 후 사회생활을 하는 데 갖추어야 할 역량과 잘 연결되도록 개발하기 위한 세밀한 연구가 필요하다. 그리고 지금처럼 기존의 성취기준의 내용에서 일부를 줄여 개발한다면 학년이 올라갈수록 최소한의 성취기준에 대한 부담감은 늘어날 것으로 예상된다. 이에 상위 학년의 최소한의 성취기준 개발에서는 상위 학년의 학업을 수행하기 위한 기초 내용과 삶을 살아가는 데 필요한 내용을 잘 고려하여야 할 것이다. 특히 수학 교과와 같이 학문적 위계성, 연계성이 두드러진 교과의 경우 '그 수학 공식 몰라도 세상 사는 데 지장 없다.'라는 우스갯소리가 나오지 않게 내용적 범위와 수준을 잘 정해야 할 것이다.

• 최소한의 성취기준 활용 방안

학교 현장에서 가장 궁금한 것은 '최소한의 성취기준은 어떻게 사용될 것이며, 교사는 어떻게 활용할 것인가?' 하는 것이다.

자칫하면 2009 개정 교육과정에서 강조하였던 '핵심성취기준'과 혼동할 수도 있기 때문이다. 실제 최소한의 성취기준에 대한 교사들의 의견을 수렴할 때 이에 대한 지적이 있었기도 했다.(한국교육과정평가원, 2023)

최소한의 성취기준은 기초학력이 부족하여 학습지원이 필요한 학습지원대상학생을 선발하는 기준이 된다. 1-2학년군의 최소한의 성취기준은 초등학교 3학년(또는 2학년 말) 학생 중에서 기초학력이 갖추어졌는지 확인하는 기준으로 2023년 개발된 최소한의 성취기준은 2025학년도 3학년 학생들의 기초학력 진단 검사 문항 개발의 증거가 될 것이다.

다만 국어 교과인 경우 몇 개의 문항을 통해서 개발된 19개의 최소한의 성취기준 도달 여부를 확인할 것인지, 19개의 최소한의 성취기준과 관련된 문항의 정답을 다 맞아야 기초학력이 형성되었다고 보는 것인지에 대한 안내는 아직 없다. 그리고 읽기의 '인물의 마음이나 생각을 짐작하며 글을 읽는다.'와 문학의 '작품 속 인물의 모습, 행동, 마음을 상상한다.'와 같이 비슷한 내용인 경우 하나의 문항으로 평가할 것인지 각각 따로 평가되어야 하는지 궁금증만 늘어날 뿐이다.

또한 '말놀이 등을 통해 말의 재미와 즐거움을 느낀다.'와 같은 애매모호한 부분을 어떻게 평가하여 객관성을 확보할 것인지 고민된다. 우리나라 학부모님들은 평가에 민감한 편인데, 기초학력을 판별하는

[표 26] 성취기준 – 성취수준 – 최소한의 성취기준 예

성취기준		성취기준별 성취수준	최소한의 성취기준
[2국02–03] 글을 읽고 중심 내용을 확인한다.	A	다양한 유형의 글을 읽고 중심 내용을 정확하게 확인할 수 있다.	짧은 글을 읽고 내용을 확인한다.
	B	글을 읽고 중심 내용을 정확하게 확인할 수 있다.	
	C	글을 읽고 중심 내용을 부분적으로 확인한다.	

출처: 교육부, 2023과 국가기초학력지원센터, 2024를 재구성

평가에서는 그 기준이 더 명확해야 학부모님들에게 자녀의 상황을 전달할 때 문제가 되지 않을 것이다.

따라서 최소한의 성취기준이 기초학력 진단 검사 문항의 기준이 되기 위해서는 서술어를 명확히 하여 측정 가능한 것으로 제시하는 것이 바람직하다고 생각한다.

그리고 학습 후 최소한의 성취기준으로 평가하고 그 결과에 따라 기초학력 결손을 보완하는 결과론적 관점보다는 기초학력 미달 학생이 생기지 않도록 사전 예방적 관점에서 최소한의 성취기준이 사용되었으면 한다. 그렇게 하기 위해서 교사는 평가 계획을 세울 때 성취기준, 성취수준과 더불어 최소한의 성취기준을 확인하여 평가기준을 마련하였으면 한다.

모든 아이들이 성취기준에 도달할 수 있나요?

    학생은 해당 학년의 성취기준을 어느 정도까지 도달하여야 하는가? 교사는 자신이 가르치는 학생들이 해당 학년의 성취기준에 모두 도달할 수 있도록 지원할 수 있는가? 이런 질문은 교사로서 답하기 참 어려운 질문이다.

    2015 개정 교육과정 해설서에 따르면 "성취기준은 학생들이 교과 학습을 통해 기대되는 결과로 교사는 교수 · 학습의 지침에 따라 학생들이 성취기준에 도달할 수 있도록 지도한다."라고 되어 있다. 이것은 **교사는 모든 학생이 성취기준에 도달했는지를 확인하고, 부족한 학생을 어떻게 지원할지 고민해 봐야 한다**는 의미이다.

• 학생의 성취기준 도달 여부 판단 기준

학생의 성취기준의 도달 여부를 판단하는 기준은 무엇인가? 이 질문은 고교학점제 도입으로 생겨난 질문 '고교학점제에서 학생들의 교과 이수 기준을 어떻게 확인할 것인가?'와 관련지어 얘기할 수 있다.

고교학점제 도입에 따라 고등학교에서 교과 이수 기준을 어떻게 설정할 것인지에 대해 여러 연구가 이루어졌다. 그중 '현행 성취평가제를 토대로 현행 60퍼센트 미만인 E 수준에서 하한선을 40퍼센트로 두어 40퍼센트 이상 60퍼센트 미만으로 재설정하여 이 수준까지 최소 학업 성취수준을 달성한 경우 '이수'로 판정도록 하자는 의견이 우세하다.

[표 27] 고교학점제 도입에 따른 고등학교 교과 이수 기준 설정(안)

성취율	성취도	
90% 이상	A	
80% 이상~90% 미만	B	
70% 이상~80% 미만	C	
60% 이상~70% 미만	D	
40% 이상~60% 미만	E (최소 학업 성취수준)	↑이수
40% 미만	F(미이수)	↓미이수

출처: 「고교학점제 도입에 따른 고등학교 교과 이수 기준 설정 방안 탐색」, 한국교육과정평가원, 2019: 75

다만 성취도를 측정할 수 있는 평가는 지필고사와 수행평가가 함께 이루어지기에 그 기준이 선을 긋듯 명확하다고 보기 어렵다. 따라서 교사가 책임감을 가지고 지도하여 학생의 평가가 객관적인 기준에 따라 이루어질 수 있어야 한다. 이를 위해 국가에서는 평가기준을 정확히 명시하여 줄 필요가 있다.

• 모든 학생의 해당 학년 성취기준 도달 가능 여부

모든 학생들은 자신의 해당 학년 교육과정의 성취기준을 앞서 제시한 최소 학업 성취수준 'E' 이상으로 이수할 수 있을 것인가? 이와 관련해서는 해당 학년의 성취기준이라는 것이 조금 애매모호하다고 말할 수 있다. 교육과정 총론에서는 학년 간 상호 연계와 협력을 통해 학교 교육과정을 유연하게 편성·운영할 수 있도록 하기 위해 '학년군'을 설정하였고, 성취기준이 학년 단위가 아닌 학년군으로 제시되어 있다고 하였다. 이는 학생들의 발달이 분절적으로 이루어지지 않음을 고려하고 교육과정을 탄력적으로 운영하여 학생 맞춤형 수업을 실현하기 위함이다. 따라서 국어 교과의 경우 1학년에 제시되었던 성취기준이 2학년에 다시 제시되는 경우가 있고, 교육과정 재구성에 따라 성취기준이 중복되어 제시되는 경우도 있다.

그렇다면 학년군이 끝나는 초등 2, 4, 6학년과 중등 3학년 때는 성취기준에 모두 도달해야 하는 것인가? 국가 교육과정을 운영하는 우리나라에서는 성취기준을 학생들이 알고 익혀야 할 최소한의 필수 내용을 담은 것으로, 모든 학생이 도달해야 하는 것으로 바라보고 있다. 그러나 현재는 다문화 학생, 난독 등의 학습 장애를 가진 학생, 주의가 산만한 학생이 하나의 교실, 한 공간에 모여 있어 교사가 동일 시간에 모든 학생들이 성취기준에 도달하도록 지도하는 것은 어려운 것이 사실이다. 더불어 누적된 학습 부진으로 해당 학년의 학습이 어려운 학생들이 동일 성취기준에 도달하게 하는 것 역시 쉬운 일이 아니다. 때문에 방과 후 보충지도, 협력 수업, 학생 맞춤형 학습지원 등 다양한 방법으로 학생들을 지원하려는 노력을 계속하고 있는 것이다.

현재는 학교에서 학생들이 성취기준에 도달하지 못했다고 해서 진급에 문제가 발생하지는 않는다. 상위 학년으로 진급하지 못하거나 제약을 받는 일도 없다. 우리나라는 학년 진급 기준을 수업일수(190일 기준)의 3분의 2 이상 출석로만 보고 있기 때문이다. 성취기준에 도달하지 못했다고 해서 혹은 시험에 0점을 받았다고 해서 진급이 되지 못하는 경우는 없다는 얘기다.

성취기준에 도달하지 못한 학생의 보충지도 참여 또한 학생 혹은 보호자의 동의를 얻어야만 할 수 있다 보니, 때로는 성취기준에 도달하지 못한 학생들의 보충지도를 실시하는 것 자체가 현장 교사들의 어려움이 되기도 한다.

교사보다 학생을 그리고 그들의 학습 상황을 잘 아는 사람은 없다. 교사는 학생들의 학습권을 보장하여 학생들이 성장할 수 있도록 돕고, 성취수준에 도달할 수 있도록, 교육과정을 이수할 수 있도록 노력해야 한다. 초등 1학년 때 학습에 어려움을 겪는다고 해서 못하는 아이라는 낙인을 찍어서는 안 된다. 대신 '아이들은 서로 다른 강점을 가지고 있고 그에 따라 서로 다른 방법으로 성공할 수 있다'는 교육적 신념을 가져야 한다. 이것이 국가 교육과정에서 학생 맞춤형 교육을 강조하는 이유이다.

성취기준은
출발점인가요, 도착점인가요?

성취기준의 성격과 관련하여 그것이 출발점인지, 도착점인지에 대한 논의가 있다.

- **출발점 : 내용 기준/교육과정 기준으로서의 성취기준**

성취기준은 학생이 학습을 통해 얻어야 할 지식이나 기능을 진술한 수업 및 평가의 기준이다. 그것은 학생들이 배워야 할 내용이자 교사들이 가르쳐야 할 내용이다.

교사들은 학기 초 교육과정을 작성할 때 자신이 가르쳐야 할 학년, 과목의 성취기준을 제일 먼저 확인한다. 이는 교과서를 개발하는 대표적인 방식으로, 성취기준을 중심으로 교과서의 내용을 구성하는 것이다. 이런 관점으로 보면 성취기준은 교육과정을 시작하는 출발점이 된다.

• 도착점 : 수행 기준으로서의 성취기준

성취기준은 '학습의 결과'라고 말하는 것을 보면 성취기준은 '평가 기준'이기도 하다. 이는 학생이 학습으로 도착해야 할 최종 지점을 알려주는 것으로, 학교와 교사는 학생이 학습하였음을 평가를 통해 확인한다. 이런 평가는 성취기준에 근거하여 실시하도록 하고 있다.

경기도교육청에서는 학교자율과정 등 교사 교육과정을 개발하여 운영하고자 할 때, 학생들이 실행하고자 하는 혹은 학생들이 도달하기를 바라는 기대 수준의 교육과정을 설계 운영하고 평가하기 위하여 성취기준을 개발하여 운영하기도 한다. 이런 관점으로 볼 때, 성취기준은 도착점으로 해석된다.

이처럼 출발점으로 여겨지는 성취기준은 성취기준 그 자체에서 교육과정이 시작된다는 의미이다. 이는 교육내용으로서의 성취기준, 즉 '무엇을 가르쳐야 할 것인지'와 관련하여 성취기준이 교과 내용 혹은 수업 내용이어야 한다는 뜻이다. 반면에 도착점으로 여겨지는 성취기준은 목표까지 가는 과정은 다양할 수 있으나 최종 도착점이 바로 성취기준이라는 의미로, 수업과 내용에 대한 자율권이 생긴다.

그렇다면 우리나라 교육과정에서 제안하는 성취기준의 성격은 무엇일까? 이는 앞서 여러 번 이야기한 바와 같이 도착점으로서의 성취기준이다. 그러나 더 중요한 것은 성취기준이 출발점이냐 도착점이냐를 구분하는 것이 아니라, 이를 잘 활용하여 교육과정-수업-평가의 일체화를 통해 학생들에게 참다운 배움을 주어야 한다는 사실일 것이다.

학교자율시간에 성취기준은
어떻게 활용되나요?

학교자율시간이란, '지역과 학교의 여건 및 학생의 필요에 따라 교과 및 창의적 체험활동의 일부 시수를 확보하여 국가 교육과정에 제시되어 있는 교과 외 새로운 과목이나 활동을 개설·운영하는 시간'을 의미한다(교육부, 2022).

2022 개정 교육과정에서 교육과정 자율화의 핵심은 '학교자율시간' 이다. 학교자율시간의 의미는 2022 개정 교육과정 총론에 위와 같이 제시되어 있다.

2022 개정 교육과정에서는 학교가 학생들의 특성 및 교육적 요구를 반영하여 과목이나 모듈을 개발할 수 있는 별도의 학교 자율편성 시간을 마련할 필요가 있다고 보고 학교자율시간을 도입하였다. 학교에서 학생의 다양한 선택이 가능한 유연하고 특색있는 교육과정을 개

발하고 운영할 수 있는 정책적 기반을 마련한 것이다(온정덕, 2023). 이에 2022 개정 교육과정을 적용받는 시기에 맞춰 각 학교는 학교자율시간을 편성 · 운영해야 하며, 운영 학년 및 학기에 관한 사항, 새롭게 개설할 과목이나 활동에 대한 세부 절차와 방법은 시 · 도교육감이 정하는 지침에 따라 운영하게 된다. 연간 34주를 기준으로 교과 및 창의적 체험활동 수업 시간 수의 학기별 1주의 수업 시간을 확보하여 운영하는 만큼 학기 단위의 운영을 권장하며, 학교에서는 학생의 필요와 지역 및 학교의 여건에 따라 과목이나 활동의 내용을 결정할 수 있다.

[표 28] 교과와 과목, 활동의 구분

교과	과목	활동
「초 · 중등교육법 시행령」에 10개 교과 – 국어, 도덕, 사회, 수학, 과학, 실과, 체육, 음악, 미술, 영어	교과의 하위개념으로 교과 안에 여러 과목으로 편성 – 예: (국어) 우리 고장 문학~ (체육) 교실놀이~	교과와 상호보완적인 관계 속에서 운영되는 경험과 실천 중심의 교육과정 영역

출처: 경기도교육청, 2024 재구성

[표 29] 학교자율시간 편성 · 운영 방식(예시)

유형	편성 방식	비고
지속형	매주 정해진 시간에 학교자율시간을 운영하는 형태	수학/음악/사회/체육/과학 시간표 (1~6교시)
집중형	학기 초, 학기 중, 학기 말에 집중적으로 시수를 운영하는 형태	(표)
혼합형	지속형과 집중형의 혼합: 일정 기간 '지속형'으로 운영하다가 학교 행사와 연계하여 '일일형'으로 운영하는 형태	

출처: 경기도교육청, 2024 재구성

학교자율시간은 교육과정에 제시된 교과 외에 새로운 과목이나 활동을 개설하여 운영할 수 있는 시간이다. 이에 성취기준을 개발하거나 재구조화할 수 있다.

1. '과목' 개설과 성취기준

새로운 과목을 개설하는 방법은 2가지가 있다.

첫째, 타 시·도나 타 학교에서 이미 승인받은 과목을 활용하는 방법이다. '에듀넷-티클리어-교육정책-교육과정-시·도교육청 자료-교육감 승인 과목'에 탑재된 개설 인정 과목을 활용하면 된다. 이 경우 해당 인정 과목별 성취기준이 이미 개발되어 있으므로 보다 쉽게 학교자율시간을 운영할 수 있다.

두 번째 방법은 해당 학교급에서 새로운 과목 신설을 승인받는 방법이다. 국가 교육과정에 제시되지 않은 새로운 과목을 개발하여 '고시 외 과목'으로 운영하는 것이므로, 해당 과목의 목적 및 내용에 따라 성취기준을 새롭게 개발하여야 한다. 학교자율시간을 통해 학생들이 할 수 있어야 할 또는 할 수 있기를 기대하는 결과, 도착점을 성취기준으로 개발하여 활용한다.

2. '활동' 개설과 성취기준

지역과 학교의 여건 및 학생의 필요에 따라 교과 및 창의적 체험활동의 일부 시수를 확보하여 새로운 활동을 개설하여 운영할 수 있다. 과목으로 개설할 경우는 사전에 시·도교육감의 승인을 받아야 하지

만, 활동으로 개설할 경우는 사전 학교운영위원회의 승인만 거치면 되기 때문에 절차가 훨씬 간단하다.

새롭게 개설된 '활동'은 그 목적에 따라 기존의 성취기준을 재구조화하거나 개발할 수 있다. 교과 외 새로운 내용을 개발한 것이므로 기존의 성취기준을 그대로 사용하거나 서로 다른 성취기준을 단순히 연결 짓는 방식은 사용될 수 없으며 학습 요소를 추가·수정하는 등 재구조화하거나[20] 새롭게 성취기준을 개발해야 한다. 이때에는 학생들의 학습 및 평가 부담이 가중되지 않도록 하되 학년(군) 및 교과(군) 간의 연계성을 고려하여야 한다.

• 학교자율시간 '활동' 운영 사례

1. 성취기준 재구조화 사례

○○초등학교가 시범 운영한 초등학교 4학년의 학교자율시간 활동은 '지역 사회 문제 해결 프로젝트'이다.

학교명	○○초등학교	활동명	지역 사회 문제 해결 프로젝트
중심 교과	사회	적용 학년/학기	4학년 1학기
		적용시간	29
사용 교재	– 교과서 없이 교수·학습자료 활용(차시별 학습지 개발)		
활동 개설의 필요성	– '문제해결 역량' 함양을 위해 교과의 개념 지식을 학생 삶의 맥락에 부합하는 탐구 학습으로 재구성함. – 지역에 대한 애착이 강하고, 관심이 많은 학생들의 흥미를 고려하여, 학교자율시간을 '지역 사회 문제 해결 프로젝트'로 설계함.		

---

20 14장에서 언급한 통합, 재조정 수준의 성취기준 재구조화를 넘어, 15장에서 설명한 성취기준 개발에 준하는 성취기준 재구조화가 요청된다.

'지역 사회 문제 해결 프로젝트' 활동은 다음과 같은 내용 요소와 성취기준으로 구성되었다.

[표 30] 구상한 내용 요소 및 개발(재구조화)한 성취기준

범주	내용 요소
지식 · 이해	• 지역 문제의 의미와 종류 • 주민 참여의 중요성과 참여 방법 • 지역 문제 해결 방안
과정 · 기능	• 지역 문제 원인 파악하기 • 문제 해결 방안 탐색하기 • 논쟁 논의로 의견 정돈하기
가치 · 태도	• 적극적으로 참여하는 태도 • 지역 공동체성

성취기준
[4사문제해결-01] 지역 문제의 의미와 종류를 이해하고, 문제 발생의 원인을 파악한다.
[4사문제해결-02] 지역 공동체성을 기반으로, 지역 문제 해결을 위해 탐구한 대안을 글로 작성해 제안한다.
[4사문제해결-03] 지역 문제 해결 방안을 탐색하고, 논쟁 논의로 의견을 정돈한다.
[4사문제해결-04] 주민 참여의 중요성을 이해하고, 문제 해결을 위해 적극적으로 참여하는 태도를 기른다.

먼저 활동의 목표가 '지역 사회 문제 해결 역량 신장'이므로 지식 · 이해, 과정 · 기능, 가치 · 태도 측면에서 내용 요소는 [표 30]과 같이 구상하였다. 이후 내용 요소들을 조합하여 '지역 사회 문제 해결 프로젝트' 성취기준을 재구조화하였다.

'지역 사회 문제 해결 프로젝트' 활동에서 제시한 성취기준은 기존 사회과 성취기준인 '[4사09-01] 생활 주변에서 찾을 수 있는 여러 가지 문제를 파악하고, 그 문제를 합리적으로 해결하는 능력을 기른다.'에 내용 요소를 추가하는 방식으로 재구조화되었다. 지역의 여러 가지 문제를 해결하는 과정에서 그 방법과 능력을 키우고자 하는 기존 사회과 성취기준에 지역 문제 해결을 위한 자료 조사, 논쟁 논의, 제

안하는 글쓰기 등을 추가하여 확대·심화하였다. 그리고 이렇게 개발된 성취기준은 평가 및 교수·학습 내용의 기준으로 활용하였다.[21]

2. 성취기준 개발 사례

2022년 개교한 ○○초등학교는 교육공동체(교사·학생·학부모)가 함께 모여 학교 비전, 공동체의 약속 등을 정하며, 본교만의 특색을 담은 교육과정 브랜드로 '학교자율시간'을 운영하기로 정하고 세부 주제는 학교 교사들에게 일임하는 것으로 합의하였다.

이에 교사 다모임과 전문적 학습 공동체를 통해 '학년별 교육과정 재구성은 이미 일반화되었다'는 전제에 합의하고, 이보다 한 발 나아가 미래 사회 학생들에게 필요한 역량을 신장시켜주기 위한 활동으로 '학생 주도형_탐구 활동'을 학교자율시간의 주제로 정하였다. 현 2022 개정 교육과정에서 학교자율시간은 3~6학년을 대상으로 하나 저학년에서도 20퍼센트의 시수증감 방법을 통해 운영할 수 있다는 점에 착안하여, ○○초등학교에서는 '○○박사 프로젝트'로 불리는 시간을 전 학년(1~6학년)에서 운영하였다.

그중 2학년에서 운영한 '성취기준 개발' 사례를 소개한다.

21　보다 자세한 설명은 [부록 2: 학교자율시간 운영 사례]에 있다.

학교명	○○초등학교	활동명	동물박사·식물박사
중심 교과	통합교과	적용 학년/학기	2학년 1학기
		적용시간	7월 2~4주(23차시)
사용 교재	– '탐구' 스케치북 (학교 자체 개발자료 사용)		
활동 개설의 필요성	– 2022 개정 교육과정은 학생들의 호기심에서 출발하는 탐구 활동을 강조한다. 이는 자연스럽게 학습에 대한 몰입도와 재미를 높이고 깊이 있는 학습을 가능하게 하기 때문이다. – 본 단원은 초등 저학년 학생들의 관심과 흥미가 높은 **'동식물에 대한 탐구 활동'을 중심으로 개발**되었다. 학생들은 본 단원에서 동식물을 직접 만지고 관찰하고 길러 봄으로써 자연에 대한 친밀감을 높이고, 동식물의 생태환경 및 인간과의 관계를 이해할 수 있을 것이다. – 또한 이 과정에서 자연(동식물)과 우리 인간은 **서로 관계를 맺으며 더불어 살아가며** 모두의 **생명은 소중한 것**이라는 마음을 가질 것이라 기대한다.		

◑ 활동명

이 활동은 2022 국가 교육과정과 학생들의 발달 단계, 흥미를 반영하여 학생들과 함께 개발하였다. 주제는 학생들의 관심사·흥미를 중심으로 선정하였으며 '동물박사·식물박사'를 활동의 제목으로 정하였다.

◑ 성취기준 개발

'동물박사·식물박사'는 2학년 통합교과의 '자연' 단원의 연장이다. 다만, 해당 성취기준이 [2바01-04] 생태환경에서 더불어 살기 위해 노력한다. [2슬01-04] 사람과 자연, 동식물이 어우러져 사는 생태를 탐구한다. [2즐01-04] 우리를 둘러싼 자연의 아름다움을 감상한다.로 포괄적으로 제시된 만큼, 학년(군) 내에서의 연속성과 중복성을 고려하여 다음과 같이 환경생태교육의 일환으로 새롭게 성취기준을 개발하였다.

[2탐구01-01]이 탐구 활동을 통해 지구는 사람들만의 것이 아니라 자연과 더불어 공존하는 생태계임을 인식하는 인지적 측면의 목표라면, [2탐구01-02]는 다양한 체험과 경험을 통해 자연에 대한 경외심과 생명의 소중함을 느끼는 정의적 영역의 목표이다.

이렇듯 새로운 성취기준은 교수·학습 내용으로 '무엇을 다루어야 할지와 무엇을 다룰 수 있는지'를 보다 구체적으로 제시하고 판단할 수 있는 기준이 되었다.

◑ 차시 개발 및 조직

'동물박사·식물박사' 주제와 관련하여 세부 교수·학습 내용은 학생들이 알고 있는 것/더 알고 싶은 것, 질문거리 등을 중심으로 활동 목록을 만들었다. 또한 학생들의 삶의 맥락 및 경험 극대화를 위하여 '곤충 체험' 등 교내외 체험학습을 적극 활용하였다.

학습 조직은 활동 목록을 순서화하였으나, 활동 과정에서 학생들의 반응·호응도 등을 감안하여 적절히/즉흥적으로 조정하였다.

수업 차시는 학생들의 사전 지식, 흥미, 선호하는 학습방식에 따라 학생 맞춤형 수업을 지향하였으며, 이에 교육내용, 교수·학습 과정(방법, 교재), 학습 결과물 등에서 필수/선택, 개인/집단활동, 분산/집중형 차시로 운영할 수 있도록 조직하였다.

　'동물박사 · 식물박사' 탐구 프로젝트의 전체적인 과정에서는 학생들이 선호하는 학습 방식(개별/집단, 실제/분석/창의적, 시각/청각/촉각 · 운동감각, 디지털 도구 등)을 반영하여, 학습 내용 및 결과물 발표 방식에 선택권을 부여하였다.

　학생의 지속적인 배움을 위하여 다양한 방법으로 평가 결과를 활용하였으며, 성취기준은 같으나 학생들의 수준과 흥미를 반영한 필수과제와 선택과제 등 서로 다른 평가 방법으로 학생의 문제에 대한 이해, 탐구과정, 지속적인 실천과 태도 등 개별적인 특성과 변화를 꾸준히 관찰하고 평가하였다.

　특히 '수행과제'는 학생들의 삶의 맥락에서 문제사태를 끌어와 소개하고 이러한 문제를 적극적으로 해결할 수 있는 역량을 키워주기 위하여 '동물 수송 작전: 생추어리 만들기'를 제시하였다. 세부 사항은 부록 3 '학교자율시간 운영 사례'를 참고하기 바란다.

수행 과제	－ 서울대공원 돌고래 기념관에서 본 '제돌이'의 사연처럼, 불법으로 포획/사육된 반달가슴곰을 미국 생추어리(animal sanctuary)로 보내려 한다.
③ **동물 수송 작전** － 동물과 우리의 관계 － 생추어리: 동물 서식지 만들기	① 곰의 특징을 조사하여, 미국으로 보낼 때의 주의점을 설명한다. ② 곰이 살기에 좋은 생추어리의 모습을 재활용 상자, 자연물 등을 이용하여 직접 만들어본다.

성취기준과 IB 교육과정

최근 국제 바칼로레아(International Baccalaureate, 이하 'IB'로 지칭한다) 프로그램[22]에 대한 관심이 매우 높아지고 있다. 급변하는 미래 사회에서는 단편적 지식 암기와 정답 찾기 교육에서 벗어나 창의적이고 비판적인 사고력을 키우는 미래형 학습 체제로의 전환이 필요하다. 또한 미래 사회에서 필요한 역량을 측정할 수 있는 새로운 평가 체제로

---

22 국제 바칼로레아 교육과정은 유럽의 13년제 초중등교육제를 따른 것으로, 국제적으로 인정받는 유치원부터 고등학교까지의 교육과정이다.
   • 만 3세부터 만 12세까지의 학생들을 위한 6년제의 IB Primary Years Programme (PYP)
   • 만 11세부터 만 16세까지의 학생들을 위한 5년제의 IB Middle Years Programme (MYP)
   • 만 16세부터 만 19세까지의 학생들을 위한 2년제[1]의 IB Diploma Programme (DP)
   • 만 16세부터 만 19세까지의 DP를 수강하지 않는 학생들을 위한 IB Career-related Programme (CP)

의 전환이 지속적으로 요구되고 있다. 이에 저자가 속한 중등학교급 (경기도 교육청 소속)의 자료를 중심으로, 2022 개정 교육과정의 성취기준을 IB 교육과정에서 어떻게 적용할 수 있을지 살펴본다.

• 우리 교육과정 & IB 프로그램: 방향 및 목표

우리나라의 교육은 홍익인간의 이념 아래 모든 국민으로 하여금 인격을 도야하고, 자주적 생활 능력과 민주시민으로서 필요한 자질을 갖추어 인간다운 삶을 영위하고 민주 국가의 발전과 인류 공영의 이상을 실현할 수 있도록 함을 목적으로 한다(2022 개정 초중등학교 교육과정 총론). 이러한 교육 이념과 교육 목적을 바탕으로 2022 개정 교육과정은 추구하는 인간상으로 '자기주도적인 사람, 창의적인 사람, 교양있는 사람, 더불어 사는 사람'을 제시하고 있는데, 이는 IB 교육과정과 일맥상통한다.

IB 프로그램의 목표는 인류의 공통 과제에 관심을 두고 세계를 함께 지켜나갈 책임을 다하는 청소년들이 국제적 소양을 갖춘 인재로 성장할 수 있도록, 상호 문화의 이해와 존중을 통해 더 평화롭고 보다 나은 세상을 만드는 데 이바지할 탐구심이 많고 지적이며 배려심이 있는 학생을 양성하는 것이다. IB 교육목표의 이행이 바로 IB 학습자상이다. IB 학습자는 '탐구하는 사람, 지식이 풍부한 사람, 사고하는 사람, 소통하는 사람, 원칙을 지키는 사람, 열린 마음을 지닌 사람, 배려하는 사람, 도전하는 사람, 균형 잡힌 사람, 성찰하는 사람'이 되고자 노력해야 한다. 국제적 소양을 갖춘 인재에 관한 이러한 특성은 지적 발달 및 학문적 주제에 대한 관심을 넘어서 인간의 다양한 능력과 책임을 보여준다(경기도교육청, 2023).

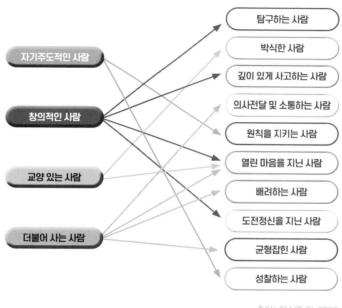

자기주도적인 사람

창의적인 사람

교양 있는 사람

더불어 사는 사람

탐구하는 사람

박식한 사람

깊이 있게 사고하는 사람

의사전달 및 소통하는 사람

원칙을 지키는 사람

열린 마음을 지닌 사람

배려하는 사람

도전정신을 지닌 사람

균형잡힌 사람

성찰하는 사람

출처: 장소영 외, 2022

[그림 3]은 IB 프로그램과 우리나라 교육이 추구하는 궁극적인 교육 목표가 동일하다는 사실과 이 IB 학습자상이 우리나라 교육과정이 추구하는 인간상과 대응될 수 있음을 보여주고 있다.

- **개념과 핵심 아이디어**

IB 프로그램은 개념 기반 교육과정을 실천하고 있다. '개념'이란 특정 주제 또는 시공간을 초월하며, 교과의 본질을 탐구하는 도구를 제공한다는 점에서 학생이 개인적·지역적·전 세계적으로 의의를 가지는 이슈와 아이디어에 대해 탐구를 가능하게 하는 수단이기도 하다. 개념은 지식의 구조에서 필수적인 역할을 하며 학생들이 사실이나 주제를 넘어서는 사고 수준을 보여주도록 요구한다. 이는 학생이 세상을 이해하고 향후 학습과 학교 밖에서의 삶에서 성공을 이루는 데 활용할 수 있는 원칙과 보편적인 원리가 된다(IBO, 2023).

IB MYP에서는 16개의 주요 개념을 다음과 같이 제시하고 있다. 주요 개념은 차원과 정의가 다양한 강력하고 관념적인 아이디어이다. 이들은 중요한 상호 연관성과 서로 중복되는 관심사를 가진다. 개념은 학생들이 고차원적인 사고를 하도록 유도하여 사실과 주제를 더 복잡한 개념적 이해와 연결하는 데 도움을 준다(IBO, 2023). 주요 개념은 교과와 과목들을 아우르도록 광범위하게 구조화되었으며 추상적 속성을 지닌 강력한 아이디어로, 이를 중심으로 교과통합이 가능하다.

[그림 4] IB MYP의 주요 개념

미학	변화	의사소통	공동체
연결	창의성	문화	개발
형식	세계적 상호작용	정체성	논리
관점	관계	시스템	시간, 장소 및 공간

출처: 경기도교육청, 2023

또한 교과(군)의 학문적 특징을 나타내는 관련 개념이 교과별로 12
개씩 있는데, 단원 계획서를 작성할 때 관련 개념을 1~2개 선택한다.
관련 개념은 세부 내용을 더욱 세밀하게 탐구할 기회를 제공하고, 학
생들이 좀 더 복잡하고 정교한 개념 이해를 발달시키는 데 도움을 준
다. 교사는 단원을 계획할 때 교과(군)별 관련 개념에 국한되지 않고
다른 개념을 선택할 수 있으며, 학생의 요구와 지역 또는 국가 교육과
정의 요구 사항을 충족하기 위해 관련 개념을 추가로 개발할 수 있다
(경기도교육청, 2023).

[그림 5] IB MYP 언어 습득 교과의 관련 개념

교과군	관련 개념					
	1~2단계(수준)					
	발음	대상	맥락	관습	형식	기능
	의미	메시지	유형	목적	구조	단어 선택
	3~4단계(수준)					
2. 언어 습득	대상	맥락	관습	공감	기능	관용표현
	의미	메시지	시점	목적	구조	단어 선택
	5~6단계(수준)					
	주장	대상	편견	맥락	공감	관용표현
	추론	시점	목적	문체적 선택	주제	어투

출처: 경기도교육청, 2023

IB 프로그램에서 제시하고 있는 주요 개념과 관련 개념은 우리나
라 교육과정의 '핵심 아이디어'에서도 확인할 수 있다. 2022 개정 교
육과정에서는 교과의 영역, 주제 및 소재, 개념을 아우르는 핵심 아이
디어를 제시하고 있는데, 이는 해당 영역의 내용 체계표에 제시된 구
체적인 내용을 왜 배워야 하는지를 보여주고 있다. 핵심 아이디어를

통해 추상적이고 광범위한 수준에서 교과와 학습을 연결하도록 하고, 학생들의 깊이 있는 사고와 탐구를 촉진하는 방향으로 제시한다.

예를 들어 중학교 영어과 교육과정에서는 핵심 아이디어를 다음과 같이 제시하고 있는데, 각 진술문은 IB의 주요 개념인 '의사소통'과 '목적', '상황', '맥락' 등의 개념을 포함하고 있다.

의사소통

목적과 **상황**에 맞게 배경지식을 활용하고 **관점, 목적**과 **맥락**을 파악함으로써 담화나 글을 이해하는 능력을 함양한다.

영어과 공통 교육과정의 '핵심 아이디어'는 영어 학습을 통해 학습자가 함양해야 하는 영어 이해 및 표현 영역의 의사소통에 필요한 일반화된 내용이다. 이전 교육과정의 영역별 핵심개념 및 일반화된 지식을 재정리하고, 영어과 역량의 개념을 반영하여 영역별로 핵심어를 추출하였으며 지식 · 이해, 과정 · 기능, 가치 · 태도의 측면을 고루 포괄하여 기술하였다. 또한 학생이 그 내용을 배워서 할 수 있어야 할 것을 성취기준으로 제시하였다.

• IB 프로그램 적용의 실제

IB PYP와 MYP의 경우, 각 나라의 교육과정을 그대로 채울 수 있는 체계적이면서도 유연성을 갖춘 프레임워크(framework)를 제공하고 있어 우리나라의 교육 내용을 IB의 프레임워크에 맞춰 실행할 수 있다.

IB 틀에 우리나라 교육과정을 적용하는 경우, 다음과 같은 과정을 거쳐 이루어진다.

IB 프로그램은 에릭슨(Erickson)의 개념 기반 교육과정[23]을 발전시켜 개념을 위계적으로 설정하고, 세계적 맥락[24]을 고려하여 교과의 핵심 개념 간의 관계를 일반화하는 과정을 통해 학습 목표인 탐구진술문(Statement of Inquiry, SOI)을 설정하도록 한다. 학생들은 탐구-실행-성찰의 과정을 통해 스스로 탐구진술문을 발견해 나가도록 안내 질문들을 통하여 수업을 구조화하게 된다.

탐구진술문을 작성하면 이제 교사는 학생이 학습을 통하여 깊은 이해에 도달했다는 증거로서 총괄평가인 수행 과제를 만들고 이를 위한 채점기준표를 작성하며 학습 경험을 조직한다. 이때 이해 중심 교육과정(Understanding by Design)의 백워드 설계 방식을 적용하여 목표와 평가가 연계성을 가질 수 있도록 수업을 설계하게 된다. 이렇게 계획된 수업은 학생의 수준이나 환경을 고려하여 실행과 성찰 과정을 통해 지속적으로 유연하게 조정될 수 있다.

다음은 이러한 절차에 따라 2022 개정 교육과정을 IB 틀에 적용하여 설계한 교수 · 학습 과정안이다.

---

23 에릭슨은 학생들의 사고를 깊이 있는 수준-상황, 시간, 문화를 초월하여 영속적 이해를 전이시킬 수 있는 수준으로 통합하기 위해 개념 기반 교육과정을 주장하였다(H. Lynn Erickson, Lois A. Lanning, Rachel French, 2021).

24 MYP의 학습 맥락은 진위성 있는 세계적 환경, 사건, 상황이어야 한다. MYP에서의 학습을 위한 맥락은 프로그램에서 국제적 소양과 세계적 참여를 장려하기 위해 세계적 맥락에서 선택된다. 6가지 세계적 맥락은 정체성과 관계, 시공간의 방향성, 개인적·문화적 표현, 과학과 기술의 혁신, 세계화 및 지속 가능성, 공정과 발전 등이다.

[차시별 주요 교수 · 학습 활동]

교과	영어	대상	중학교 3학년		
단원	Lesson 6. We Are Change Makers	영역	이해 & 표현	차시	6
주제	체인지 메이커, TED에 도전하다!				
교육과정 성취기준	[9영01-03] 친숙한 주제에 관한 담화나 글의 중심 내용을 파악한다. [9영01-10] 자신의 관심사에 관한 다양한 담화나 글을 선택하여 적극적으로 듣거나 읽는 다. [9영02-06] 친숙한 주제에 관해 자신의 의견을 주장한다. [9영02-10] 적절한 전략을 활용하여 상황이나 목적에 맞게 말하거나 쓴다. [9영02-11] 상대방을 배려하는 태도로 말하거나 쓴다.				
지식 · 이해	[언어] 의견 전달·교환이나 주장 목적의 담화와 글(논설, 연설 등) [맥락] 다양한 의사소통 상황 및 목적				
과정 · 기능	[이해] • 줄거리나 요지 파악하기 　　　• 주제 파악하기 [표현] • 자신의 의견 주장하기 　　　• 적절한 전략 활용하여 말하거나 쓰기				
가치 · 태도	상대방을 존중 · 배려하여 말하거나 듣는 태도				

[IB 기반 2022 개정 교육과정을 적용한 교수 · 학습 과정안]

주요 개념	의사소통	관련 개념	목적, 맥락
세계적 맥락	세계화와 지속 가능성		
탐구 진술문	의사소통의 목적과 맥락을 이해함으로써, 문화 간 협력과 지속 가능한 발전을 촉진할 수 있다.		
핵심 아이디어	[이해] • 의사소통 목적과 상황에 맞게 배경지식을 활용하고 관점, 목적과 맥락을 파악함으로써 　담화나 글을 이해하는 능력을 함양한다. • 담화나 글을 이해하는 활동은 협력적이고 포용적으로 화자나 필자의 의도를 이해하는 태 　도를 길러준다. [표현] • 의사소통 목적과 상황에 맞게 적절한 매체를 활용하여 자신의 감정이나 의견을 담화나 　글로 표현하는 능력을 함양한다. • 담화나 글로 표현하는 활동은 다양한 문화와 관점에 대한 이해를 바탕으로 협력적이고 　포용적으로 상호 소통하며 의미를 표현하거나 교환하는 태도를 길러 준다.		
핵심 질문	상대방을 설득하려면 어떻게 해야 할까?		

[수행 과제명: TED 연설문 발표하기]

목표(G)	지속가능발전목표(SDGs) 전지구적 문제의 긍정적인 변화를 이끌어내기 위해 청중을 설득하기 위한 발표(TED)를 하는 것입니다.
역할(R)	연설자 및 청중
청중(A)	교내 · 해외학교 친구들, 교직원, 학부모 등 모든 교육공동체 구성원들
상황(S)	당신은 국제교류 학급과의 Mini-TED 포럼에서 SDGs주제로 1분 스피치를 하게 됩니다. 그런데 당신의 의견에 동의하지 않는 사람들도 있을 수 있습니다. 그들을 설득하기 위해 타당한 근거 자료를 충분히 제공하고 적절한 설득 전략을 활용하여 존중하고 배려하는 태도로 발표해야 합니다.
결과물(P)	Mini-TED 1분 스피치 구술 · 발표
준거(S)	• 설득하기 위한 타당한 근거 자료 제공하기 • 설득 전략 활용하여 말하기 • 상대방을 배려 · 존중하며 설득하기

차시	탐구단계	주요 교수 · 학습 활동
1	관계맺기	탐구질문 1: 왜 설득하는 스피치가 필요할까? • (탐구) SDGs 관련 사진들의 의미 · 느낌(PMI) 공유 　Pros&Cons 네모퉁이 토론 (I agree/ I disagree), 설득의 목적 · 필요성 인식 • (실행) 관심 있는 SDGs 주제 선택, 동일 주제끼리 모둠 구성 · 팀 빌딩, SDGs 브레인스토밍
2	집중하기	탐구질문 2: 어떻게 하면 자신의 주장을 효과적으로 표현할 수 있을까? ★(국어) 설득 전략 분석 • (탐구) 연설 동영상(듣기/읽기)의 화자 의도 · 목적 파악, 설득 전략 탐구, 　언어적비언어적요소 탐구, Quilbot 활용 어휘 확장 • (실행) SDG 주제 관련 자신의 주장 표현하기
3	조사하기	탐구질문 3: 어떻게 하면 다양한 설득 전략을 활용할 수 있을까? • (탐구) 다양한 주제의 스피치 사례 모둠별 검색 (eg.김연아 동계유치 연설, 마틴 루터 킹 등) 　다양한 설득 전략 조사 및 분류(ethos/pathos/logos) • (실행) 자신의 SDG 스피치에 설득 전략 적용
4	조직 및 정리하기	탐구질문 4: 어떻게 하면 설득하는 스피치를 명료하고 타당하게 구성할 수 있을까? ★(사회) SDGs 뉴스 · 기사문 자료조사 · 사례연구 • (탐구) 사회시간에 조사한 내용을 스피치의 근거자료로 재구성 • (실행) 과정 중심 쓰기 활동을 통한 SDGs 스피치 원고 작성
5	일반화하기	탐구질문 5: 설득하는 스피치를 효과적으로 전달하려면 어떻게 해야 할까? ★ (미술) 스피치 발표 위한 자료 제작 (포스터/브로셔/PPT-미캔, 캔바) • (탐구) Chat d-id & 3-2-1 기법 활용 발표 연습 및 피드백 교환 • (실행) 해외 교류학급과의 Mini-TED 발표(영상) · 공유
6	전이하기	탐구질문 6: 우리의 실생활에서 SDGs를 어떻게 실천할 수 있을까? • (탐구) Push/Pull/Hold 활용 "What if~?" 저널 작성 • (실행) 자신의 일상에서 SDGs 실천 (개인 · 가정 · 학교 · 사회생활), 교내SDG 캠페인 활동

차시 2~5 탐구단계 좌측: 성 찰 하 기 (↑ ⇓ 화살표 표기)

• IB 프로그램과 한국 교육과정의 연계

국가 교육과정이 주어지는 우리나라의 경우, IB 프로그램을 운영하려면 교사 교육과정을 개발할 수 있는 교사의 전문성이 필요하다. 앞서 설명한 바와 같이 IB 프로그램에서 주요 개념과 관련 개념, 세계적 맥락을 활용하여 만든 탐구진술문은 단원 전체 탐구 학습의 목표가 된다. 따라서 탐구진술문을 중심으로 교육과정 성취기준을 영역별로 분석하고 이를 연계하면서 재구조화하게 된다.

또한 함께 살펴야 할 것은 IB의 평가기준이다. IB 프로그램에서는 교육목표가 곧 평가기준이 된다. 국제 바칼로레아 기구(IBO)에서는 학생들의 학업 성취도와 전인적 성장을 평가하기 위해 명확하고 일관된 가이드라인으로서 평가기준을 제공한다. MYP 언어 습득 교과의 경우, 2015 개정 교육과정의 성취기준 영역과 동일한 4가지 영역-듣기, 말하기, 읽기, 쓰기-을 제시하고, 평가요소를 매우 명확하게 짚어준다. 이는 교과 성취기준을 분석하여 평가요소를 추출하는 과정에서 보완이 되며 타당도 높은 평가를 하는 데 도움을 준다.

[표 31] IB MYP 언어 습득 교과의 평가기준 A와 C 영역

영역	평가기준
[기준 A] 듣기	i. 폭넓고 다양한 종류의 간단한 실제적 텍스트에서 명시적 및 암시적 정보(사실, 의견, 뒷받침하는 세부정보)를 식별한다. ii. 간단한 실제적 텍스트에서 대화의 형식 또는 특징을 분석한다. iii. 간단한 실제적 텍스트의 연결성을 분석한다.
[기준 C] 말하기	i. 폭넓고 다양한 어휘를 사용한다. ii. 폭넓고 다양한 문법 구조를 대부분 정확하게 사용한다. iii. 이해하기 쉬운 명확한 발음과 억양을 사용한다. iv. 상호작용하는 동안 거의 모든 필요한 정보를 명확하고 효과적으로 전달한다.

출처: IBO, 2023

교육적 시사
: 생각해 봅시다!

성취기준: 체크 포인트

	확인 내용	성찰
1	• 학생이 배운 목표인가? (교사가 가르친 목표가 아니라)	
2	• '수행 기준'으로 활용하고 있는가? (학습 결과로서의 목표)	
3	• 실제적 맥락을 제공하는가? (학생 참여, 학생들의 삶과 연계)	

성취기준 체크 포인트에 대해 좀더 자세히 설명하고, 이를 바탕으로 지금 나의 교실 현장을 되돌아보기로 하자. 먼저 3가지 체크 포인트를 살펴본다.

• 성취기준을 '수용자 중심의 목표'로 인식하는가?

이는 '학습의 의미'와 상통하는 질문이다. 혁신학교 운동이 일반화되면서, 학교 현장에서는 '배움 중심 수업'이라는 용어가 보편화되었다. 교육이 교사의 가르침으로 끝나는 것이 아니라 학생의 배움까지를 포함해야 한다는 '학습의 의미'에 대한 패러다임의 변화였다. 즉, 교사(나)가 가르쳤는데 학생(너)이 모른다는 것은 학생의 책임(잘못)이기보다 교육이 아직 완료되지 않았음을 의미한다. 결국 '교사의 가르침은 학생의 배움으로 완성된다'는 것이며, 이에 학생이 아직 배우지 못하였다는 것은 가르침이 미완료되었으며 불완전하다는 것이다. 과정 중심 평가에서 강조하는 '학습 과정으로서의 평가(Assessment as Learning)'의 개념 역시 형성 평가를 통해 학생들의 배움을 완성하자는 의미이다.

이처럼 성취기준이 수용자 중심의 목표라는 것은 단순히 성취기준을 교수·학습의 준거로서 가르칠 내용으로 파악하기보다 '학생들이 학습의 결과 어떠한 모습을 보여야 하는지'로 인식해야 한다. 그리고 이러한 전제에 따라 성취기준의 진술문과 같은 결과에 도달하기 위하여 교사가 교수·학습 과정에서 다양한 방법을 시도할 수 있는 것이다.

이에 성취기준은 내용 중심으로 분절적으로 해석하기보다 '학생을 중심으로 왜, 어떻게 해야 하는가'의 입장에서 해석할 수 있어야 한다. '책 읽기에 흥미를 갖는다'는 성취기준이 단지 평가의 목표로만 인식되어 결과적으로만 '학생들이 책 읽기에 흥미가 있다/없다'로 평가되는 것이 아니라, 학생들의 책 읽기 흥미 제고를 위하여 교사는 교과·영역을 넘나들며 동화구연, 이야기 만들기, 전시회 및 뮤지컬 등 다양한 방법으로 학습 환경과 기회를 제공하여야 한다는 의미인 것이다.

• 성취기준을 '수행 기준'으로 활용하는가?

다수의 사례에서 성취기준은 수행 기준이기보다 내용 기준으로 이해된다. 성취기준을 가르쳐야 할 내용으로 보고 이를 분절적으로 분배하여 학습 계획을 세우거나, 학습 내용에 따라 관련 교과를 끌어오는 경우가 일반적이기 때문이다.

① 성취기준을 분절적으로 보고 학습 계획을 세운 사례

[2슬01-03]
나의 몸을 살펴보고/ 몸의 여러 부분의 이름과 하는 일을/ 관련짓는다.

차시	수업 내용
1~2	· 나의 몸 살펴보기
3~4	· 몸의 여러 부분의 이름과 하는 일 알아보기
5~6	· 몸의 각 부분의 이름과 하는 일 관련짓기

출처: 『교사 교육과정을 디자인하다』, 박수원 외, 2020: 103

② 학습 내용에 따라 여러 교과를 끌어온 사례

[주제] 친환경 농업인

차시	교과	수업 내용
1~2	국어	· [진단] 친환경 농업에 대해 알고 있거나 경험한 내용 이야기 나누기
3~10	국어	· 화학비료, 농약 사용! 문제점/해결방안 조사 · 친환경 농업이 필요한 이유, 주장하는 글쓰기
11~15	실과	· 친환경 농법으로 작물 기르기
16~21	국어	· 친환경 재배 과정 영상 제작 · 발표하기
22~25	미술	· 식물 세밀화 그리기
26	실과	· 성찰일기 쓰기

출처: 2022 초등 핵심역량을 키우는 성장중심평가 실천하기, 경기도교육청, 2022: 31~32

위의 첫 번째 사례는 현행 교과서와 같이 성취기준을 내용 기준으로 보는 대표적인 사례이다. 두 번째 사례는 교육과정 재구성의 한 예로, '친환경 농업인'과 관련된 학습을 계획함에 있어 토의, 글쓰기 등의 활동은 국어과로, 그림 그리기는 미술과로 구분한 사례이다. 다만 이 사례는 '교과별로 활동이 고정되어 있는 것인가?'라는 고민의 여지를 준다. 물론 교과별 성취기준을 통합하여 새로운 단원을 개발하는 것은 가능하다. 그러나 이 사례에서 보듯이 주제(단원)에 배치한 성취기준이 매우 많다. 이는 해당 단원의 성취기준에 도달하기 위한 방안으로 학습이 계획되었다기보다 내용과 연관되어 보이는 교과별 성취기준을 모두 가져왔기 때문이다. 따라서 두 번째 사례의 성취기준은 수행 기준이기보다 내용 기준으로 다루어졌음을 알 수 있다.

[주제] 친환경 농업인
[6국02-04] 글을 읽고 내용의 타당성과 표현의 적절성을 판단한다.
[6국03-04] 적절한 근거와 알맞은 표현을 사용하여 주장하는 글을 쓴다.
[6국01-04] 자료를 정리하여 말한 내용을 체계적으로 구성한다.
[6국01-05] 매체자료를 활용하여 내용을 효과적으로 발표한다.
[6실05-08] 지속가능한 미래 사회를 위한 친환경 농업의 역할과 중요성을 이해한다.
[6실05-09] 생활 속의 농업 체험을 통해 지속 가능한 생활을 이해하고 실천 방안을
　　　　　제안한다.
[6미01-02] 대상이나 현상에서 시각적 특징을 발견할 수 있다.

　수용자 중심의 목표, 수행 기준으로서의 성취기준은 목표하는 바, 즉 단원의 '도달점'으로 보아야 한다고 하였다. 교사는 학생이 배운

바(성취기준)를 실제적 상황에 적용·활용할 수 있도록 맥락화해 주어야 한다. 그리고 도달점으로서의 성취기준 입장에서 목표 도달을 위해 굳이 타교과를 끌어오지 않더라도 다양한 교수·학습 과정을 구성할 수 있다.

• 학생이 역량을 발휘할 수 있도록 '실제적 맥락'을 제공하는가?

이는 '깊이 있는 학습'과 관련된 성찰적 질문이다. 성취기준이 배움의 궁극적 목표이며 수행 기준으로 맥락화되기 위해서는 이를 실제적으로 적용·활용할 수 있을 만한 상황적 조건이 필요하다. 이에 이해 중심 교육과정에서는 '바라는 목표 설정' 이후 '수용 가능한 증거 선정' 단계에서 '수행 과제'를 제시할 것을 안내하며, 최근의 우리 교육에서도 '삶과 연계된 배움'을 통해 학생들의 실제적인 성장을 강조한다.

• 3가지 성취기준 체크 포인트 반영 사례 살펴보기

앞서 설명한 성취기준 체크 포인트가 적절히 실현된 사례 '예술에 나를 담다: 사람 책 출판하기'를 살펴보자.

본 단원은 국어, 음악, 미술과를 통합하여 예술의 다양한 분야를 포함하였으며, 학생들이 충분히 시, 음악, 미술 작품을 감상하고 창작하여 나눌 수 있는 시간을 확보하고 있다.

이 사례의 경우 '나'를 표현하자'라는 목표 속에서 학생 선택권(맞춤형 수업)을 다양화하였고, 특히 각각의 성취기준이 분절되어 평가되기보다 최종적인 수행 과제, 즉 '예술에 나를 담다: 사람 책 출판하기'를 통해 이 모든 앎과 기능이 표출될 수 있도록 의도하였다.

학생들은 최종 수행 과제를 해결하기 위한 과정으로 시·음악·미술 작품의 요소와 특징을 찾아 분석하는 방법을 배우고, 이러한 배움 위에 자신을 담은 예술 작품을 창작함으로써 단원의 목표를 달성하게 되는 것이다. 이러한 과정은 교육과정-수업-평가의 일체화를 통해 앎과 삶을 통합하고 무엇보다도 배움을 다양한 상황에 전이할 수 있는 역량 신장을 가능하게 한다.[25]

---

25 자세한 내용은 온정덕·박상준 외, 『교실 속으로 간 이해중심 통합교육과정』을 참고하기 바란다.

우리 학교에서는 해마다 '나만의 책'을 출판하고 있습니다. 우리 학급에서는 올해 '예술에 나를 담다'라는 주제가 있는 사람 책을 출판하려 합니다. 많은 예술의 종류가 있지만, 이 책에서는 **시와 음악과 미술로 나를 표현**하려고 합니다.

① 여러분은 기존 예술가의 시(인물, 대상 표현), 음악(상황/이야기, 인물 표현), 미술 작품(인물, 대상 표현)을 찾아 감상하고,
② 그 작품들의 작가와 표현 특징(주제, 표현방법, 조형 요소, 음악 요소 등)을 해석한 후
③ 그 작품에 나타나는 특징들을 활용하여 여러분의 생각과 느낌을 표현하는 시와 음악, 미술 작품을 완성해야 합니다. 기존의 작품과 똑같은 기법, 재료를 활용해도 되고, 기존 작품과 비슷한 주제나 아이디어를 가지고 작품을 만들어도 됩니다.
④ 작품이 완성되면 사전 발표회를 개최하게 되며, 독자들과의 만남을 통해 여러분 작품의 창작 과정을 소개하고 느낌과 생각을 나눕니다.
⑤ 이 과정을 거쳐 최종 작품과 과정 이야기가 함께 사람 책에 실리게 됩니다. 이 책은 여러 독자들에게 읽히게 될 것입니다.

목표(G)	• 나를 시와 음악, 미술로 표현하기						
역할(R)	• 사람 책의 작가						
청중(A)	• 독자						
상황(S)	• 예술에 나를 담다: 사람 책 전시회						
결과물(P)	• 나를 표현한 예술 작품, 사람 책						
준거(S)	1. 기존 작가의 시, 음악, 미술 작품 감상하기 2. 기존 작가 작품의 특징 해석하기 3. '나'의 작품 창작하기 4. 창작 과정 나누고, 사람 책으로 정리하기						
설명 하기	O	해석 하기	O	적용 하기	O	관점 가지기	
공감 하기	O	자기지식 가지기					

출처: 『교실로 간 이해중심 통합교육과정』, 온정덕 · 박상준 외, 2022: 95~97

내가 진행해 온 평가를 한번 돌아보도록 하자. 혹시 나의 평가 과제가 학생들에게 사실이나 지식을 단순히 나열하기를 요구하거나 기억의 정도를 묻고 있지는 않았는지, 학습의 과정이 평가와 직접적으로 잘 연계되어 있었는지, 평가 상황에 학생들이 자신의 배움을 표현하고 삶으로 전이(tranfer)를 가능하게 하는 상황적 맥락을 포함하고 있

었는지 등을 확인해 보자. 성취기준은 수행 기준으로서 깊이 있는 학습, 즉 전이가 있는 배움을 통해 삶의 역량 신장을 지향한다는 점을 기억하자.

부록

1. 성취기준의 특징[26]

　□ 성취기준은 모든 학생들이 도달할 것을 전제로 한다. 성취기준은 일정 수준의 교육의 질을 확보하기 위해 국가에서 설정한 기준이다. 따라서 특별한 사유를 제외하고 성취기준은 모든 학생들이 도달할 것을 전제로 하며 임의로 누락, 삭제할 수 없다.

　□ 성취기준은 지식과 기능을 통합하여 제시하고 있다. 성취기준은 교과를 통해 배워야 할 내용과 이를 통해 수업 후 할 수 있거나 할 수 있기를 기대하는 능력을 결합하여 나타낸 수업 내용 기준으로 지식과 기능적 요소를 함께 제시하고 있다. 따라서 수업에서는 인지적인 내용 중심의 암기 전달식 수업을 넘어 다양한 활동을 통해 충분히 경험하고 생활에 적용해 볼 수 있는 기회가 마련되어야 한다.

　□ 성취기준은 지도 시기 및 시간이 고정되어 있지 않다. 학생의 필요와 요구, 지역 및 학교의 특성 등을 반영하여 지도 시기를 정하며, 성취기준별 수업 가능한 시수는 해당 교과 시수를 성취기준의 개수로 나눈 평균 시수로 적용될 수 있다. 성취기준별 수업 시수는 학생

26　본 내용은 『교사 교육과정을 디자인하다』(박수원 외, 2020)의 내용을 옮긴 것이다.

들의 선행 학습 정도 및 제반 조건에 의해 증감이 가능하며 융통성이 있다.

　□ 성취기준은 학년군 단위로 제시되어 있다. 사전에 교육과정을 준비할 때에는 동학년군에서 해당 학년에서 다뤄야 하는 성취기준을 서로 협의해야 하며, 해당 학년 내에서도 학기별 지도할 성취기준을 적정 배분, 활용하여야 한다. 특히 도구 교과인 국어, 영어 및 음악, 미술, 체육 등의 예체능 교과는 성취기준을 여러 단원에 걸쳐 학습할 수 있으므로, 학생들에게 평가 부담이 되지 않도록 성취기준을 중복하여 평가하지 않도록 한다. 지속적인 학습의 연속성을 감안하면 학년군 내 담임 연임제를 취함이 바람직하다.

　□ 교과에 따라 성취기준은 추상적이기도 하고 구체적이기도 하다. 현행 교육과정에서 제시된 교과별 성취기준을 분석하면 하나의 성취기준에 여러 개의 내용이 종합된 경우, 너무 추상적으로 제시되어 무엇을 가르쳐야 할지 혼란을 주는 경우, 반대로 성취기준이 너무 구체적이어서 교사의 자율성이 발휘되기 어려운 경우 등의 문제를 보인다. 국가 수준에서의 성취기준 개선이 요청되는 일이지만 현장 교사의 입장에서는 성취기준을 해석하는 여러 가지 방법을 익히고 내용체계표를 통해 성취기준을 판단하고 해석하는 노력이 필요하다.

　□ '성취기준을 갖는다'는 것은 '교사의 교육과정의 자율권'과 '학생에 대한 배움의 책무성'을 강화한다는 의미다. 국가 수준의 성취기

176

준은 낱낱의 가르쳐질 내용이 아닌 핵심개념을 중심으로 학습의 적정성을 고려한 내용 기준이다. 따라서 교사는 해당 학생들의 관심과 필요, 학교 및 지역 사회의 특성 등을 반영하여 성취기준을 해석할 필요가 있으며 이를 통해 교사의 교육과정 전문성이 발휘된다. 교사는 성취기준이 '모든 학생들이 도달해야 할 일정 수준 이상의 능력'임을 고려하여 학생을 교과에 맞추는 것이 아니라 교과를 학생에게 맞춤으로써 배움의 공공성을 실현해야 한다.

□ '성취기준을 해석한다'는 것은 '배움의 중심에 학생을 놓는 것'이다. 교과 내용을 전달하는 것이 아니라 '해석한다'는 것은 '학생들의 앎과 삶에 의미 있는 배움'을 주고자 성취기준을 학생들에게 맞추는 것이다. 이를 위해 교사는 학생들이 배움의 내용에 흥미를 갖고 적극적으로 참여할 수 있도록 학생의 의견 및 요구 등 그들의 목소리에 충분히 귀 기울여야 하며, 학생들의 관심, 흥미와 배움을 연결할 수 있는 교육과정 문해력이 필요하다. 이를 바탕으로 보편적인 학습 설계 및 적극적인 학생 참여형 수업을 구안할 수 있어야 한다.

2. 학교자율시간 운영 사례
: 성취기준 재구조화형

2025학년도 초등 3~4학년 학교자율시간 활동 개설

Ⅰ 활동의 개관

활동명	지역 사회 문제 해결 프로젝트										
활동 편성 교과	국어 □	사회 ☑	**적용 학년**	3학년 □		4학년 ☑		5학년 □		6학년 □	
	도덕 □	수학 □									
	과학 □	실과 □	**적용학기**	1학기 □	2학기 □	1학기 □	2학기 □	1학기 □	2학기 □	1학기 □	2학기 □
	체육 □	음악 □									
	미술 □	영어 ☑	**적용시간**			29					
교재 및 자료	□ 기존 개발 도서(시중 유통 도서) : (도서명) ☑ 교과서 없이 교수 · 학습자료 활용(차시별 학습지 개발 활용)										
활동 개설의 필요성	본교는 핵심역량 함양을 위해 교과의 개념 지식을 학생 삶의 맥락에 부합한 탐구 학습으로 재구성하고자 노력하고 있다. 이에 지역에 대한 애착이 강하고, 관심이 많은 학생들의 흥미를 고려하여, 학교자율시간을 '지역 사회 문제 해결 프로젝트'로 설계하여, 학생들이 사회 문제를 분석하고 해결하는 과정에서 지식정보를 다루며 미래 사회에 요청되는 문제해결 역량이 신장될 것이라 기대한다.										
첨부	* 개설 활동 적용 학년(군) 연간 교육과정 시간 배당 1부.										

② 활동의 설계

1. 활동 개설의 필요성 및 목표

학생들은 점점 커지는 사회의 불확실성으로 인해 발생하는 다양한 실제 문제와 마주하고 있다. 사회 불확실성으로 인한 사회문제 증가에 대응하기 위해 학생들에게는 사회 문제를 면밀하게 파악하고, 이를 해결하기 위한 정보지식을 습득하여 창의적인 해결책으로 대처할 수 있는 역량이 필요하다. 이에 따라 사회 문제를 분석하고 해결하는 과정에서 지식정보를 다루며 미래 사회에 요청되는 지식정보처리 역량을 신장시키고자 한다.

특히 4학년 학생 38명은 대부분 부모님 세대부터 지역에 거주해 온 정주민들이다. 이들은 지역에 각별한 애정을 가지고 있으며, 지역의 다양한 문제에 관심을 갖고, 해결을 위해 적극적인 자세로 참여하고자 한다. 지역에 대한 이러한 애정과 관심을 기반으로 본 프로젝트를 운영해 지역의 문제를 탐구하고 해결 방안을 도출하여 미래 사회에 필요한 문제해결 역량을 증진하고자 한다.

2. 교수 · 학습의 방향

가. 활동 내용 구상표

범주	구상한 내용 요소
지식 · 이해	• 지역 문제의 의미 • 지역 문제의 종류 • 주민 참여의 중요성 • 주민 참여 방법

과정 · 기능	• 지역 문제 원인 파악하기 • 지역 문제 해결 방안 탐색하기 • 논쟁 논의로 의견 정돈하기
가치 · 태도	• 적극적으로 참여하는 태도 • 지역 공동체성

나. 재구조화한 성취기준

[4사문제해결-01] 지역 문제의 의미를 이해하고, 문제 발생의 원인을 파악한다.
[4사문제해결-02] 지역 문제 해결을 위해 탐구한 대안을 글로 작성해 제안한다.
[4사문제해결-03] 지역 문제 해결 방안을 탐색하고, 논쟁 논의로 의견을 정돈한다.
[4사문제해결-04] 주민 참여의 중요성을 이해하고, 문제 해결을 위해 적극적으로 참여하는 태도를 기른다.

3. 활동 내용

가. 활동 목표 설정

성취기준	전이		
	지역 주민으로서 지역 문제에 관심을 갖고, 문제 해결 방법을 이해하여 문제 해결 과정에 참여할 수 있다.		
[4사문제 해결-01] [4사문제 해결-02] [4사문제 해결-03] [4사문제 해결-04]	의미		
	핵심 아이디어	핵심 질문	
	• 지역의 특징과 관련된 문제를 파악하고 해결 방안을 탐구한다.	• 우리 지역에 발생하는 문제와 그 까닭은 무엇인가? • 지역 문제 해결을 위해 탐구할 자료에는 무엇이 있는가? • 논의를 통해 우리 지역의 문제를 해결하기 위한 대안을 세울 수 있는가? • 논의를 통해 드러난 대안을 글로 정리할 수 있는가?	
	개념적 렌즈 : 참여, 해결, 공동체		
	습득		
	지식 · 이해	과정 · 기능	가치 · 태도
	• 지역 문제의 의미 • 지역 문제의 종류 • 주민 참여의 중요성 • 주민 참여 방법	• 지역 문제 원인 파악하기 • 지역 문제 해결 방안 탐색하기 • 논쟁 논의로 의견 정돈하기	• 적극적으로 참여하는 태도 • 지역 공동체성

나. 평가 계획

성취기준	평가요소	수업·평가 방법	평가기준	평가 시기
[4사문제해결-01] 지역 문제의 의미를 이해하고, 문제 발생의 원인을 파악한다. [4사문제해결-03] 지역 문제 해결 방안을 탐색하고, 논쟁 논의로 의견을 정돈한다.	·문제 해결을 위한 자료 정리 및 토의 토론	·[프로젝트 수업] ·지역 문제의 원인을 파악하기 위한 자료를 수합하고, 이를 바탕으로 해결 방안을 탐색하여 논쟁 논의로 의견을 정돈한다. [토론]	·지역의 문제가 발생하는 원인과 해결 방안에 대한 자신의 의견을 정돈하여 논쟁 논의에 참여하는가?	5월
[4사문제해결-02] 지역 문제를 해결하기 위해 탐구한 대안을 글로 작성해 제안한다.	·논의 결과를 글로 정리	·[프로젝트 수업] ·지역의 문제를 해결하기 위한 방안을 정리하여 글로 발표한다. [논술형 평가]	·논쟁 논의를 통해 정돈된 자신의 의견을 글로 정리해 발표할 수 있는가?	6월
[4사문제해결-04] 주민 참여의 중요성을 이해하고, 문제 해결을 위해 적극적으로 참여하는 태도를 기른다.	·문제 해결 참여	·[프로젝트 수업] ·지역 주민으로서 지역 문제 해결을 위한 참여 방법을 찾고, 자신의 의견을 바탕으로 적극적으로 참여한다. [실기]	·지역 문제 해결을 위해 적극적으로 참여하는가?	6월

수행과제(C - GRASPS)
수행과제 제목: 지역 문제를 해결하기 위한 방안을 글로 정리하기

개념	참여, 해결, 공동체
목표(G)	지역의 문제를 해결하기 위해 필요한 자료를 취합하고, 논의를 통해 결과를 도출해 글로 정리해 출판물로 제작한다.
역할(R)	지역 주민
청중(A)	지역 문제에 관심이 있는 주민
상황(S)	지역 주민으로서 지역의 문제를 해결하기 위한 방안을 탐구하고 정리하여 글로 발표한다.
결과물(P)	지역 문제의 원인과 해결방안이 담긴 글
어떤 기준(S)	· 지역의 문제가 발생하는 원인과 해결 방안 탐색하기 · 다양한 텍스트, 미디어 등을 통해 주제와 관련된 내용 정리하기 · 자신의 의견이 드러나게 글쓰기 · 지역 문제를 해결하기 위한 태도를 가지고, 내가 할 수 있는 일 실천하기

다. 활동 전개 계획(교수·학습 내용)

단계	차시	세부 활동 내용
문제탐색		[핵심질문] 우리 지역에 발생하는 문제와 그 까닭은 무엇인가?
	1	• 프로젝트 주제 만나기 　- 자신의 삶의 경험에 비추어 주제의 목적과 과제 이해하기
	2	• 디지털 기기 활용 방법 익히기 　- Microsoft Teams 기본 기능 익히기
	3~4	• 글을 읽고 사실과 의견 구분하는 방법 알기 　- 사실과 의견의 차이점을 알기 　- 지역 문제에 관한 사실에 대한 의견 말해 보기
	5	• 생명과 환경의 소중함 알기 　- 관련 사례를 통해 바람직한 주민 참여 태도 기르기
	6~7	• 지역 문제에 관한 글을 읽고 사실과 의견을 구분하며 지역 문제 탐색하기 　- 지역 문제의 의미와 종류를 이해하기 　- 우리 지역에서 해결해야 할 문제에 관한 사실과 의견 구분하기
정보정리		[핵심질문] 지역 문제 해결을 위해 탐구할 자료에는 무엇이 있는가?
	8	• 자료 검색, 정리 방법 익히기 　- 자료 검색 도구와 Teams 내용 정리 방법 익히기
	9~10	• 글의 유형을 고려하여 대강의 내용 간추리는 방법 알기 　- 글의 내용 간추리는 방법 알기
	11	• 생명과 환경을 보호하기 위한 방안 탐색하기
	12~15	• 지역 문제에 관한 정보를 수합해 내용 간추리기 　- 지역 문제가 발생하는 원인에 관한 정보 찾아 정리하기 　- 지역 문제의 해결 방안에 관한 정보 찾아 정리하기
논쟁논의		[핵심질문] 논의를 통해 우리 지역의 문제를 해결하기 위한 대안을 세울 수 있는가?
	16	• 디지털 윤리, 저작권 이해하기
	17~18	• 논쟁 논의에서 의견을 적극적으로 교환하는 방법 알기 　- 논쟁 논의의 절차와 규칙 알기
	19~20	• 정리한 정보를 바탕으로 내 생각 정돈하기 　- 지역 문제 해결 방안에 대한 말할 내용 준비하기
		[핵심질문] 논의를 통해 우리 지역의 문제를 해결하기 위한 대안을 세울 수 있는가?
	21~22	• 지역 문제를 해결하기 위한 방법 논쟁 논의하기 　- 절차와 규칙을 지키며 논쟁 논의 참여하기
	23	• 생명과 환경을 보호하기 위한 방안 실천하기

생각쓰기		
		[핵심질문] 논의를 통해 드러난 대안을 글로 정리할 수 있는가?
생각 쓰기	24~26	• 논쟁 논의를 통해 정돈된 자신의 생각을 글로 쓰기 – 문제 상황과 문제의 원인, 해결 방안과 실천 노력을 출판물 형식에 맞추어 작성
	27~28	• 문제 해결을 위해 정리한 글 출판회 열기 – 핵심 내용 정리을 정리해 자신의 글 발표하기
	29	• 프로젝트 정리하기 – 핵심 질문에 근거하여 지역 주민으로서 지역 문제에 관심을 갖고, 문제 해결 과정에의 참여 일반화하기 – 상호평가, 상호 피드백과 의견 나누기

4. 교육과정 편제

구분			3, 4학년			국가 기준
			3학년	4학년	계 (증감)	
교과 (군)	공통 교과	국어	204	189	393(-15)	408
		도덕/사회 도덕	34	31	0(-3)	68
		도덕/사회 사회	102	94	196(-8)	204
		도덕/사회 학교 자율시간	–	29	(+29)	
		수학	136	136	272	272
		과학	102	102	204	204
		체육	102	102	204	204
		예술 음악	68	68	136	136
		예술 미술	68	68	136	136
		영어	68	68	136	136
창체(자 · 동 · 진)			102	99	0(-3)	204
소계			986	986	1,972	1,768

단원명	[통합: 탐구 학습] 동물박사 · 식물박사	학년	2학년 1학기
		운영 시기	5월 일부 / 7월 2~4주

1. 단원의 이해

• 단원 개요

| 단원 소개

2022 개정 교육과정은 학생들의 호기심에서 출발하는 탐구 활동을 강조한다. 이는 자연스럽게 학습에 대한 몰입도와 재미를 높이고 깊이 있는 학습을 가능하게 하기 때문이다.

본 단원은 초등 저학년 학생들의 관심과 흥미가 높은 '**동식물에 대한 탐구 활동**'을 중심으로 개발되었다. 학생들은 본 단원에서 동식물을 직접 만지고 관찰하고 길러봄으로써 자연에 대한 친밀감을 높이고, 동식물의 생태환경 및 인간과의 관계를 이해할 수 있을 것이다. 또한, 이 과정에서 자연(동식물)과 **우리 인간은 서로 관계를 맺으며 더불어 살아가며** 모두의 **생명은 소중한 것**이라는 마음을 가질 것이라 기대한다.

| 단원 개발 과정

본 단원은 2022 국가 교육과정에서 제시하는 성취기준과 학생들의 발달 단계, 흥미를 반영하여 학생들과 함께 개발하였다.
① 주제 개발
– 주제는 학생들의 관심사 · 흥미를 중심으로 선정하였으며, 이를 단원 제목으로 하였다.
– 성취기준을 분석하여 단원과 연계하였으며, 성취기준이 본 단원에서 심층적으로 다뤄질 수 있도록 '무엇을 다루어야 할지와 무엇을 다룰 수 있는지'를 판단하였다.
② 차시 개발 및 조직
– 주제와 관련하여 알고 있는 것/궁금하여 더 알고 싶은 것, 질문거리 등을 중심으로 활동 목록을 만들었다.
– 기본적으로는 활동 목록을 학습 순서화하였으나, 활동 과정에서 학생들의 반응 · 호응도 등을 감안하여 적절히/즉흥적으로 조정하였다.
– 수업 차시는 학생들의 사전 지식, 흥미, 선호하는 학습방식에 따라 학생 맞춤형 수업을 지향하며, 교육내용, 교수 · 학습 과정(방법, 교재), 학습 결과물 등에서 필수/선택, 개인/집단활동, 분산/집중형 차시로 운영할 수 있도록 조직하였다.
③ 교수 · 학습 방법
– 학생들이 **선호하는 학습 방식**(개별/집단, 실제/분석/창의적, 시각/청각/촉각 · 운동감각, 디지털 도구 등)을 반영하고 선택할 수 있도록 하였다.

수업 흐름	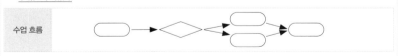

④ 평가
– 학생의 지속적인 배움을 위하여 다양한 방법으로 평가 결과를 활용하였다.
– **성취기준은 같으나 학생들의 수준과 흥미를 반영한 필수과제와 선택과제 등 서로 다른 평가 방법으로, 학생의 문제에 대한 이해, 탐구과정, 지속적인 실천과 태도 등 개별적인 특성과 변화를 꾸준히 관찰하고 평가**하였다.

• 핵심역량 및 핵심 아이디어

- 핵심역량: '지금–여기–우리 삶'
  – 지식정보처리 역량, 창의적 사고 역량, 협력적 소통 역량.
- 영역 (1) 우리는 지금 어떻게 살아갈까
- 핵심 아이디어: 우리는 과거, 현재, 미래를 생각하며 생활한다.

• 성취기준_개발

본 단원의 주제는 1학년 통합교과의 '약속' 단원 및 2학년 '자연' 단원과 연계된 활동이다. 학년(군) 내에서의 연속성과 중복성을 고려하여 2학년에서는 아래와 같이 환경생태교육의 일환으로 새롭게 성취기준을 개발하였다.

[2탐구01–01] 사람은 자연(동식물)과 더불어 살아간다.
[2탐구01–02] 자연의 아름다움을 감상하고, 살아있는 모든 생명의 소중함을 안다.

성취기준 해설

국가 교육과정에서 제시하는 '자연' 성취기준은 다음과 같다.

[2바01–04] 생태환경에서 더불어 살기 위해 노력한다.
[2슬01–04] 사람과 자연, 동식물이 어우러져 사는 생태를 탐구한다.
[2즐01–04] 우리를 둘러싼 자연의 아름다움을 감상한다.

- [2바01–04]의 '생태환경'은 자연, 사람을 포함한 생명체들이 더불어 살아갈 수 있는 환경을 의미한다. 이 성취기준에서는 이를 위한 여러 가지 방법을 알고 알아낸 것을 소통하며 서로 공감하고 실천하는 활동들을 포함한다.
- [2슬01–04]의 '생태'는 지금, 여기에서 우리와 함께 살아가며 상호작용하는 생물과 영향을 주고받는 환경을 모두 아우르는 개념이다.

성취기준 적용 시 고려 사항

영역 내 모든 성취기준을 다룰 때는 놀이를 통한 기본 움직임 활동과 안전하게 생활하는 데 필요한 안전 교육을 주제 학습과 연계한다.

• 내용 요소

지식 · 이해	과정 · 기능	가치 · 태도
· 생태환경 · 사람, 자연, 동식물 · 자연의 아름다운 장면	· 관계 맺기 · 탐색, 설명, 탐구 · 놀이, 소통, 감상	· 더불어 사는 삶 · 안전한 생활

• 교육과정 연계성

누리과정: 자연 탐구 영역	▶	초등 3~4학년군: 과학
자연과 더불어 살기 · 주변의 동식물에 관심을 가진다. · 생명과 자연환경을 소중히 한다.	본 수업	**생명** · 우리 주변의 다양한 생물은 환경과 영향을 주고받으며 밀접한 관계를 맺고 있으며, 생물다양성은 생태계와 인간의 삶과도 밀접하게 관련되어 있다.
	◀	

2. 학습자 맞춤형 단원 설계

학생	교사
☐ 학습 수준: 준비도 ☑ 흥미 ☑ 선호하는 학습 방식	☑ 학습 내용 ☑ 학습 과정: 학습 전략, 집단 조직, 시간 등 ☑ 학습 결과물 ☐ 학습 환경

186

반영 사항	세부 조정 내용	가끔	특정 시간	대부분	항상
흥미	· 학습 내용: 주제? 동물 vs. 식물	☐	☑	☐	☐
선호 하는 학습 방식	· 학습 유형: 실제, 분석, 창의형	☐	☐	☑	☐
	· 자료 및 경험 유형: 시각, 청각, 촉각 · 운동	☐	☐	☐	☑
	· 집단 조직: 개별, 집단	☐	☑	☐	☐
학습 결과물	· 수행과제 선택 – 모종 기르기 – 동물 책 만들기 – 동물 수송 작전: 서식지 만들기	☐	☑	☐	☐

차시	주요 학습 경험 및 피드백	지원 / 자원
[5월] 1~2	· 주제 만나기 – 내가 좋아하는 동식물의 종류와 이유 – 동식물은 우리에게 어떤 도움을 줄까요? · 학습 목록/주제망 작성하기 – 알고 있는 것, 궁금한 것, 하고 싶은 것은? · 학습 순서 정하기 – 먼저 공부할 내용은?	주제망 양식 신호등 토론
3~4	· '동물박사, 식물박사' 활동 소개 – 활동 안내: 모종 기르기, 곤충 체험 – 자료 기록 및 정리 방법 안내 · 학교도서관: 도서 찾기와 대출 방법 안내	도서관 방문
[식물박사]	· 식물의 한살이 – 씨앗 종류와 특징 관찰: 루페, 돋보기 – 싹 틔우기: 싹이 나오는 과정 관찰–기록	
	· 모종 기르기 – 내가 기르고 싶은 모종: 조사, 구입 – 모종 심는 방법, 관찰일기 쓰기 안내 – 모종 심기: 모종, 모종삽 등 – 이름표 제작, 재활용 물뿌리개 만들기	관련 영상/도서
	· 씨앗, 식물의 자람: 노래 & 악기 연주 – 노래 배우기 – 리듬악기로 연주하기	
	· 식물이 잘 자라는 조건 알아보기 – 잘 자라기 위한 환경 조건(물, 햇빛, 땅 +a) – 역할극 하기	조사
	· 식물아, 고마워! – 식물이 우리에게 주는 혜택 – 식물과 사람/지구와의 관계: '만약, 나무가 없다면~?' – 초록 지구를 만들기 위해, 우리가 할 수 있는 일은?	
	· 모종 기르기: 영상 만들기 – 모종의 자람 과정 그림 그리기 (학생 분담) – 음악 MR + 영상 만들기 (교사 주도)	

추가			
[7월] **[동물박사]**	· 동물 소개(1) – 내가 좋아하는 동물: 그림과 특징 소개	
	· [체험1] 서울대공원 '동물 해설사 프로그램' – 동물원 나들이: 코스 – 동물 견학 시 주의할 점 · [안전교육] 버스 탈 때의 안전사항	지역 사회 지원: 체험 활동 서울대공원: e활동북
	· 동물원에서 살 수 없는 동물 이야기 – 2013년 남방큰돌고래 '제돌이의 자연 방류 이야기' – 동물이 행복하려면? – 동물들의 서식지 알아보기	[책] 동물원 동물들 은 행복할까?
	· [체험2] 찾아오는 곤충 교실 – 다양한 곤충 관찰, 만져보기 등	학교자율과제: High–touch
	· 동물 소개(2) – 고마운 동물 이야기 vs. 불쌍한 동물 이야기	[영상] 동물 구조 이야기
	· 동물아, 고마워! – 동물원의 동물들이 있어서 좋은 점	
[평가]	· 평가 과제 소개 및 선택 1 책 만들기: 스토리 보드 작성▶책 만들기 2 생추어리 만들기: 서식지 조사▶생추어리 만들기 –'식물아/동물아, 고마워' 내용 포함!	개별/집단 선택 프로젝트
(+a)	· 평가 과제물 제작 – 필요한 재료 센터 / 과제물 제작	준비물 센터 운영
마무리 활동	· (1학년) 과제물 전시회 – 책 발간, 소감 남기기	

3. 맞춤형 평가 (학습에 대한 증거기반 접근)

평가 방법	평가 설명	시기
· 진단 평가 – 흥미 – 선호하는 학습 유형 등 파악	– 동식물에 대한 관심, 흥미도 구두 설문 – 아는 것, 궁금한 것 등 질문 나누기	단원 전
· 수행 과제(필수형) 1 **식물의 자람: 영상 만들기** – 나의 모종: 그리기 – 식물의 고마움 표현	– 식물이 우리에게 주는 고마운 점을 생각하며, 식물의 자람 과 정 기록하기 ① 내가 기른 모종 자람 과정 그리기 (모종: 잎과 뿌리의 모습▶꽃▶열매) ② 식물아 고마워: 한 마디~	단원 전
· 수행 과제(선택형) 2 **서울대공원에서 만난 동물** – 동물 퀴즈, 소개 – 책으로 만들기	– 서울대공원 '동물 해설사 프로그램'에서 들었던 내용 중, 신기 하고 기억에 남는 동물 이야기를 책(크라프트지, 10p.)으로 만 든다. ① 동물 퀴즈 형식 ② 소개 형식	단원 말
3 **동물 수송 작전** – 동물&우리의 관계 – 생추어리: 동물 서식지 만들기	– 서울대공원 돌고래 기념관에서 본 '제돌이'의 사연처럼, 불 법으로 포획/사육된 반달가슴곰을 미국 생추어리(animal sanctuary)로 보내려 한다. ① 곰의 특징을 조사하여, 미국으로 보낼 때의 주의점을 설명한다. ② 곰이 살기에 좋은 생추어리의 모습을 재활용 상자, 자연물 등 을 이용하여 직접 만들어 본다.	

평가 채점기준(루브릭)

평가기준	방법	매우 잘함	보통	노력요함
[2탐구01-01] 사람은 자연(동식물)과 더불어 살아간다.	조사, 서술	모종 기르기와 제돌이 이야기를 통해, 사람과 동식물이 함께 잘 살기 위한 생태 환경을 조사하여 설명할 수 있다.	모종 기르기와 제돌이 이야기를 통해, 사람과 동식물이 함께 잘 살기 위해 우리가 할 수 있는 일을 말할 수 있다.	모종 기르기와 제돌이 이야기를 통해, 사람과 동식물이 함께 잘 살아야 함을 이해한다.
		S　　　　　　　　T	S　　　　　　　　T	S　　　　　　　　T
[2탐구01-02] 우리를 둘러싼 자연의 아름다움을 감상하고, 살아있는 생명의 소중함을 안다.	포트폴리오, 표현	우리를 둘러싼 자연의 아름움 감상하고, 생명의 소중함을 창의적으로 표현할 수 있다.	우리를 둘러싼 자연의 아름움 감상하고, 생명의 소중함을 구체물로 표현할 수 있다.	우리를 둘러싼 자연의 아름다움 보고, 말로 표현할 수 있다.
		S　　　　　　　　T	S　　　　　　　　T	S　　　　　　　　T
[태도 평가] 탐구 활동에 대한 관심과 노력	관찰 (자기,교사)	다양한 동물 및 지구 생태에 관심이 크고, '동물박사 식물박사'조사 활동에도 매우 적극적으로 참여한다.	동식물에 관심과 흥미가 커서 '동물박사 식물박사'조사 활동을 적극적으로 수행한다.	다양한 동물 및 생태 환경에 관심을 보인다.
		S　　　　　　　　T	S　　　　　　　　T	S　　　　　　　　T

4. 단원(교육과정) 평가

단원 실행 전	검토
• 모든 학생들의 학습 목표 도달을 고려하였는가?	
• 학습자 특성을 고려하였는가?	
• 학습자 특성을 고려하여 학습 내용을 다양화하였는가?	
• 학습자 특성을 고려하여 학습의 과정을 다양화하였는가?	
• 학습자 특성을 고려하여 학습 결과물을 다양화하였는가?	
• 물리적 · 심리적으로 학습 환경은 충분히 안전한가?	
• 학교 안, 지역 사회의 지원과 협력을 고려하였는가?	

단원 실행 중 / 마무리	검토
• 학생이 주도적으로 참여할 수 있는 기회를 마련하였는가?	
• 교육과정–수업–평가가 선순환적으로 작동하는가?	
• 평가가 실제적이며 실행 가능한가?	
• 교수–학습–평가가 효과적이었는가?	
• 교수–학습–평가의 효율성을 어떻게 개선할 수 있는가?	

동물 수송 작전: 생추어리를 만들어라!

• 2013년, 제돌이 이야기

서울대공원 돌고래 기념관에서 본 제돌이 기억나지요?

영상에서 본 것처럼, 현재 제돌이는 서해 바다에서 새로운 친구, 가족들과 함께 재미있고 신나게 잘 지내고 있답니다. 이렇게 동물들 중에는 동물원에서 살 수 없는 여러 동물들이 있습니다.

• 뉴스: 2023, 사육곰 이야기

그리고 최근 농가에 버려진 사육곰에 관한 뉴스가 있었습니다. 곰 웅담을 팔면 큰돈을 벌 수 있다는 생각에 많은 농가에서 곰을 기르기 시작하였지만, 사람들이 웅담을 찾지 않게 됨에 따라 많은 곰들이 방치되고 있습니다. 현재 사육곰은 제대로 먹지도 못하고 관리되지도 못하는 상황. 사육곰들의 우리 아래엔 치워지지 않는 배설물이 쌓여 벌레와 냄새가 심각하고, 주인이 사육을 포기함에 따라 곰들은 거의 먹지도 못하여 아사 직전입니다. 태어날 때부터 눈이 안보이는 ○○는 소리만 듣고 먹이를 찾아야 하기 때문에 더 심각하고요. 한쪽 발이 잘린 □□도 제대로 걷지도 못하고 있습니다. (중략)

그런데 이 사육곰들이 더욱 불쌍한 것은 무엇 때문일까요? 이 곰들은 태어나서 10여 년이 지난 지금까지 한 번도 이 우리 밖으로 나간 적이 없답니다. 곰들은 한 번도 곰들이 가장 좋아하는 울창한 숲에서 나뭇잎이 깔린 바닥을 걸어본 적이 없다고 합니다.

이렇게 안타까운 사육곰들이 우리나라에는 몇 마리나 있을까요?

• '사육곰 수송 작전' 생추어리를 만들어라!

동물사랑 단체 '곰 보금자리'에서는 이러한 사육곰들을 구해내 곰들이 살기에 좋은 생추어리로 보내 준다고 합니다. 그리고 우리나라에서도 괴롭힘을 당하고 있는 안타까운 동물들을 보호하고 치료해주는 생추어리를 만들고 있답니다. 참으로 다행이지요? 그래서 우리도 만들어보려고 합니다.

① 곰이 살기에 좋은 서식지에는 무엇이 있어야 할까요?

생추어리의 모습을 상상하며, 곰들이 좋아할 만한 서식지를 만들어주세요. 크게~요! 필요한 상자나 아이 클레이, 종이 등은 '준비물 센터'에서 가져와 사용할 수 있습니다.

② 사육곰에게 내 마음을 담아 쪽지글을 써 봅니다. 쪽지글에는 ① 곰에 대한 나의 마음 ② 서식지를 어떻게 만들려고 하였는지 설명해 주세요.

〈평가 조건〉

목표	인간과 동식물은 서로 관계를 맺으며 살아감을 이해한다.
평가 자료	사육곰에게 쓴 쪽지글 + 생추어리 제작 작품
평가 내용	– 쪽지글: 동물과 인간과의 관계를 이해하고 있는가? – 생추어리: 동물(곰)이 살기에 적합한 자연적인 환경 조건을 탐구할 수 있는가?

표 & 그림 목록

참고문헌

프롤로그

Alice Miel(1986). Teaching for a democracy. The Educational Forum. 50,319-323.
이형빈(2020). 교사를 위한 교육학 강의. 서울: 살림터.

1. 성취기준의 도입

교육부(1997). 교과 교육과정(각론) 개발 지침. 서울: 교육부.
성열관, 백병부, 윤선인(2008). 성취기준의 차용 및 변용: 단계별 의사결정 과정에 대한 분석 연구. 교육
　　과정연구, 26(3), 1-22.
백남진, 온정덕(2021). 성취기준의 이해. 서울: 교육아카데미.

2. 성취기준의 의미

교육과학기술부(2011). 교과 교육과정 개발 방향: 교과 교육과정 개정 연구진 및 학습연구년 교사 워크
　　숍 자료. 서울: 교육과학기술부.
김경자, 곽상훈, 백남진, 송호현, 온정덕, 이승미, 한혜정, 허병훈, 홍은숙(2015). 2015 개정 교육과정 총
　　론 시안[최종안] 개발 연구. 세종: 교육부.
김종윤, 이승미, 박선화, 임윤진, 배화순(2018). 성취기준 질 제고를 위한 국제 비교 연구. 한국교육과정
　　평가원.
류재택 외(2000). 제7차 교육과정에 따른 초등학교 4학년 성취기준 및 평가기준 개발 연구. 연구보고
　　RRE 2000-4-2. 서울: 한국교육과정평가원.
백남진, 온정덕(2021). 성취기준의 이해. 서울: 교육아카데미.
온정덕, 김병연, 박상준, 방길환, 백남진, 이승미, 이주연, 한혜정(2022). 2022 개정 교과 교육과정 개발
　　기준 마련 연구. 세종: 교육부.
이미경, 심재호, 김동영, 구자옥, 김현정, 최병순, 김재우, 민경님, 배영혜, 김연귀(2013). 2009 개정 교육
　　과정에 따른 초·중학교 과학과 핵심 성취기준 개발 연구. 연구보고 CRC 2013-9. 서울: 한국교육과
　　정평가원.
이원님(2021). 교사의 교육과정 개발로 본 주제 개발의 원천 탐구. 한국교원대학교 일반대학원 석사학위
　　논문.
허경철, 곽병선, 백순근, 김신영, 채선희, 구자억, 최돈형, 이인제, 김왕근, 박경미(1997). 국가 공통 절대
　　평가 기준 일반 모형 개발 연구. 연구보고 RM-96-04. 서울: 한국교육개발원.

3. 성취기준의 3가지 유형

박기범(2016). Bloom의 신교육목표분류학에 기반한 사회과 성취기준 분석-2015 개정 초등학교 사회과
　　교육과정을 중심으로. 한국초등교육, 27(4), 135-152.
조재식(2005). 백워드(backward) 교육과정 설계 모형의 고찰. 교육과정연구, 23(1), 63-94.
이돈희, 곽병선, 최석진, 허경철, 조난심, 박순경, 홍후조, 김재춘(1997). 제7차 교육과정 개정에 따른 교과

교육과정 개발 체제에 관한 연구. 서울: 한국교육개발원 교육과정 개정연구위원회.
백남진, 온정덕(2021). 성취기준의 이해. 서울: 교육아카데미.

4. 성취기준의 3가지 성격

교육부(2022). 2022 개정 교육과정 총론.
김경자, 곽상훈, 백남진, 송호현, 온정덕, 이승미, 한혜정, 허병훈, 홍은숙(2015). 2015 개정 교육과정 총론 시안[최종안] 개발 연구. 세종: 교육부.
박수원, 심성호, 이동철, 이원님, 임성은, 임재일, 정원희, 최진희(2020). 교사 교육과정을 디자인하다. 서울: 테크빌교육.
조재식(2005). 백워드(backward) 교육과정 설계 모형의 고찰. 교육과정 연구, 23(1), 63-94.
김민정(2017). 성취기준 진술 방식에 따른 교사의 해석과 수업 계획: 초등 사회과를 중심으로. 이화여자대학교 석사학위 논문.
백남진(2014). 교과 교육과정 성취기준 진술의 개선 방향 탐색: 한국과 미국 과학 교육과정 검토를 중심으로. 교육과정 연구, 32(2), 101-131.
백남진, 온정덕(2021). 성취기준의 이해. 파주: 아카데미프레스.
서영진(2013). 국어과 교육과정 '내용 성취기준'의 진술 방식에 대한 비판적 고찰. 국어교육, 46, 415-450.
온정덕, 박상준, 변영임, 안나, 유수정, 정나라(2022). 교실 속으로 간 이해중심 통합교육과정. 서울: 살림터.
이원님(2021). 교사의 교육과정 개발로 본 주제 개발의 원천 탐구. 한국교원대학교 석사학위 논문.
Christine E. Sleeter, & Judith F. Carmona(2017). Un-standardizing Curriculum. New York: Teachers College Press.

5. 2022 개정 교육과정에서 성취기준은 어떻게 달라졌나요?

교육부(2022). 2022 개정 교육과정 총론 및 각론
H.L Erickson 외. 온정덕, 윤지영 역(2019). 생각하는 교실을 위한 개념기반 교육과정 및 수업.
온정덕 외(2022). 개정 교과 교육과정 개발 기준 마련 연구.

6. 성취기준이 너무 많아요!?

교육부(2015). 2015 개정 교육과정 총론.
교육부(2015). 2015 국어과 교육과정.
교육부(2022). 2022 개정 교육과정 총론.
교육부(2022). 2022 국어과 교육과정.
교육부(2017). 2009 개정 교육과정에 따른 핵심 성취기준의 이해(1-2학년).
김경자 외(2015). 2015 개정 교육과정 총론 시안 [최종안] 개발 연구, 교육부. pp81.
김영은(2022). 역량 기반 교육과정 편제 방향 및 교육과정 구성방안에 대한 논의. 통합교육과정연구.
이주연외(2018). 2015 개정 교육과정 실태 분석 연구: 초등학교 1~2학년을 중심으로, 한국교육과정평가원. p23-24.
한국교육과정평가원(2013). 2009 개정 교육과정에 따른 초·중학교 핵심 성취기준 개발 연구 : 총론, p18.

7. 성취기준 개수 감축이 체감되지 않는 이유는?

교육부(2016). 2015 개정 교육과정 총론 해설-초등학교.
교육부(2022). 2022 개정 교육과정 총론.
한국교육개발원(2019). 2019 초 · 중등학교 교원업무실태조사 보고서.
이승녕(2000.11.04.) 기자. (버클리대학의 정보관리시스템대학원 연구 결과.) 세계 30만년간 정보량
    2~3년 내 쏟아져. 지디넷코리아. https://zdnet.co.kr/view/?no=00000010014539

8. 성취기준이 너무 애매모호해요!

교육부(2015). 2015 과학과 교육과정.
교육부(2015). 2015 영어과 교육과정.
교육부(2022). 2022 과학과 교육과정.
교육부(2022). 2022 영어과 교육과정.
김종윤, 이승미, 박선화, 임윤진, 배화순(2018). 성취기준 질 제고를 위한 국제 비교 연구. 한국교육과정평
    가원.
국가교육과정정보센터 홈페이지: http://www.ncic.re.kr.

9. 성취기준과 핵심개념, 역량의 관계는?

김선영(2016). 역량중심 교육과정 구현을 위한 교과 교육과정 성취기준의 진술방식 탐색. 교육연구, 66,
    113-140.
백남진, 온정덕(2018). 개정판 역량 기반 교육과정의 이해와 설계. 서울: 교육아카데미.
소경희(2015). 개정 교육과정 총론 개정안이 남긴 과제: 각론 개발의 쟁점 탐색. 교육과정연구, 33(1),
    195-214.
OECE(2002). Definition and selection of competencies(DeSeCo): Theoretical and conceptual
    foundations-strategy paper. OECD Press.

11. 성취기준은 차시 수업 기준인가요?

경기도교육청(2021). 교사교육과정 개발 사례.
교육부(2019). 2015 개정 교육과정 성취기준 단원 매칭 자료.

12. 성취기준을 활용하는 3가지 방법: 해석, 재구조화, 개발

교육부(2022). 2022 학교생활기록부 기재요령(초등학교).
온정덕, 김병연, 박상준, 방길환, 백남진, 이승미, 이주연, 한혜정(2022). 2022 개정 교과 교육과정 개발
    기준 마련 연구. 세종: 교육부.
이형빈(2020). 교사를 위한 교육학 강의. 서울: 살림터.

13. 성취기준을 해석하는 4가지 방법

교육부(2022). 2022 개정 교육과정 총론.

박수원, 심성호, 이동철, 이원님, 임성은, 임재일, 정원희, 최진희(2020). 교사 교육과정을 디자인하다. 서울: 테크빌교육.

14. 성취기준의 재구조화란?
교육부(2021). 영어과 교육과정 재구성 예시 자료집.
학교생활기록 작성 및 관리 지침(교육부훈령 제 365호) 해설 및 기재요령.
교육부(2021). 중등학교 영어과 교육과정 재구성 예시 자료집.
교육부(2022). 중학교 영어과 2022 개정 교육과정.

15. 성취기준을 개발할 때 고려할 점은?
온정덕(2019). 학습 경험의 질 제고를 위한 교과 교육과정 개선 방향 탐색 연구.
경기도교육청(2023). 2023 초등「학생 맞춤형 수업」기본 계획.
H. Lynn Erickson 외(2019). 생각하는 교실을 위한 개념기반 교육과정 및 수업. 학지사.

16. 성취기준을 이용하는 것이 왜 좋은가요?
양종모, 신현남, 김은영, 박진홍(2014). 초등학교 3학년 음악 교과서. ㈜음악과생활.
교육부(1998). 7차 교육과정 해설서(교육부 고시 제1997-15호).
교육부(2010). 2009 개정 교육과정 해설서(교육부 고시 제2009-24호).
교육부(2018). 2015 개정 교육과정 총론 해설(교육부 고시 제2018-162호).
교육부(2024). 바른생활, 슬기로운 생활, 즐거운 생활 지도서 1학년 2학기.

17. 성취기준이 반영된 평가 그리고 채점기준
이미경 외(2017). 2015 개정 교육과정에 따른 고등학교 교과별 평가기준 개발 연구(총론). 한국교육과정평가원.
경기도교육청(2024). 2024학년도 경기도 학업성적관리 시행지침. 경기도교육청.
교육부(2024). 2024학년도 학교생활기록부 기재요령(초등학교). 교육부.
교육부(2017). 2015 개정 교육과정에 따른 평가기준. 교육부.
Susan M.Brookhart. 정은경 외 옮김(2022). 루브릭, 어떻게 만들고 사용할까?. 우리학교.
김선, 반재천, 박정 공저(2021). 수행평가와 채점기준표 개발. AMEC.

18. 성취기준을 중심으로 평가하고 있나요?
홍후조(2016). 알기 쉬운 교육과정. 학지사.
2015 개정 교육과정 개발 자료.
교육부, 한국교육과정평가원(2017). 과정을 중시하는 수행평가 어떻게 할까요? - 중등(연구자료 ORM 2017-19-2). 한국교육과정평가원.
김선, 반재천(2021). 학생의 배움과 성장을 지원하는 과정 중심 피드백. 도서출판 AMEC.

19. 성취기준 & 교과 평어: 어떻게 기술해야 하나요?

교육과정디자인연구소(2022). 교사 교육과정을 디자인하다_실천편. 테크빌교육.
교육부(2021). 교과학습 및 세부능력 특기사항 기재 예시 도움 자료.

20. 「기초학력보장법」에서 말하는 최소한의 성취기준이란?

교육부(2023). 2022 개정 교육과정에 따른 초등학교 1~2학년군 성취수준.
한국교육과정평가원(2023) 초등학교 1~2학년군 국어과 및 수학과 최소한의 성취기준 시안 공청회 자료집.
　초등학교 1~2학년군 국어과 및 수학과 최소한의 성취기준 시안 공청회 유튜브 방송. https://www.
　　youtube.com/watch?v=E7yNLW5UZlk
국가기초학력지원센터(2024) 초등학교 1~2학년군 국어과 및 수학과 최소한의 성취기준 및 예시.
「국가기초학력지원센터」 홈페이지(https://k-basics.org/)

21. 모든 아이들이 성취기준에 도달할 수 있나요?

교육부(2016). 2015 개정 교육과정 총론 해설-초등학교.
한국교육과정평가원(2019). 고교학점제 도입에 따른 고등학교 교과 이수 기준 설정 방안 탐색.
한국교육과정평가원(2019). 학업 성취율 판단 근거로서 영어과 최소 학업 성취수준 진술문.
교육부(2015). 특수교육 교육과정 총론.

22. 성취기준은 출발점인가요? 도착점인가요?

교육부(2016). 2015 개정 교육과정 총론 해설(초등학교).
백남진, 온정덕(2021). 성취기준의 이해. 교육아카데미.
신지승(2020). 교육과정 문해력 교사 전문성을 완성하다. 행복한미래.

23. 학교자율시간에 성취기준은 어떻게 활용되나요?

교육부(2024). 바른생활, 슬기로운 생활, 즐거운 생활 지도서 1학년 2학기.
온정덕(2023). 2022 개정 교육과정과 자율화 전망. 대한민국 교육 트렌드 2024. 에듀니티.
경기도교육청(2024). 초등학교 2022 개정 교육과정 학교자율시간 과목 및 활동 개설 예시자료
교육부(2022). 2022 개정 교육과정 총론 해설(초등학교). 교육부 고시 제2022-33호.

24. 성취기준과 IB 교육과정

경기도교육청(2023). IB MYP 이해하기 자료.
교육부(2022). 초중등학교 교육과정 총론 2022 개정 초중등학교 교육과정 총론. 교육부 고시 제2022-
　　33호.
IBO(2023). IB 프로그램 가이드북. 중등교육 프로그램: 원리부터 실천까지.
장소영, 임유나, 한진호, 안서현(2022). 2015 개정 교육과정과 IB PYP의 총론적 연계·비교. 학습자중심
　　교과교육연구, 22(4), 39-60.
H. Lynn Erickson, Lois A. Lanning, Rachel French(2021). 생각하는 교실을 위한 개념 기반 교육과

정 및 수업. 학지사.

25. 교육적 시사: 생각해 봅시다!

박수원, 심성호, 이동철, 이원님, 임성은, 임재일, 정원희, 최진희(2020). 교사 교육과정을 디자인하다. 서울: 테크빌교육.

온정덕, 박상준, 변영임, 안나, 유수정, 정나라(2022). 교실 속으로 간 이해중심 통합교육과정. 서울: 살림터.

에필로그

나에게 '성취기준'이란

이원님 교사로서의 역사를 함께한 성취기준

나이가 들면서 '역사가 내 삶이구나!'라는 마음이 들 때가 있다. 처음으로 '성취기준'이라는 용어와 사용이 강력하게 안내된 2009 개정 교육과정기. 나는 교육과정(연구) 부장으로써 성취기준 과다로 재안내된 핵심 성취기준과 변화된 교육과정 작성법을 교내에 적극 전달해야 했던 중간자였다. 현장의 혼란과 어려움이 생생한 시기였다. 2000년대 초반부터 시작된 혁신학교 운동과 함께 학교 현장은 교수 · 내용 전문가 중심에서 학교 현장 · 교사 중심으로 변화하기 시작하였고 교사 교육과정의 개발과 운영이 보편화된 한편 다양한 교육활동은 학부모, 관리자에게 여러 걱정과 우려를 낳기도 했다. 이에 '성취기준'은 교사의 자율적인 다양한 교육활동의 든든한 근거이자 지원군이었다.

그러나 10여 년 이상 혁신교육의 중심에 있으면서, 안정적인 교육과정을 운영하는 것은 그리 쉬운 일이 아니었다. '배움 없이_ 손과 발만 바쁜_ 활동 중심 교육'이라는 오명처럼, 현장에서 성취기준은 의미 있는 교육활동의 중심이기보다 서류 절차의 일부이기 일쑤였다. 성취기준이 교육활동에 어떻게 사용되어야 하는지, 교사의 교육활동에 어떤

198

의미를 줄 수 있는지에 대한 제대로 된 이해가 부족하였던 것이다.

결국, 교사의 성취기준에 대한 이해가 중요하다. 성취기준을 진술된 내용 그대로를 따라야 하는 수업 내용이나 표준(standardization)으로 바라봐야 하는 것도 아니지만, 핵심 아이디어(개념)와 역량을 구현하는 기준으로 활용할 수 있어야 하고 나아가 학생들에게 의미있는 배움으로 연결할 수 있는 교사의 교육과정적 안목이자 능력인 것이다.

이런 점에서 본 책의 집필이 시작되었고, 부족함이 많음에도 불구하고 현장 교사에게 조금이나마 도움이 되면 좋겠다는 기대를 갖게 한다. 나에게 성취기준은 동료 교사와 함께 나누고 싶은 교사 전문성의 핵심이기 때문이다.

박수원 학교의 다양성을 구현하기 위해 담보하는 최소한의 표준성, 성취기준

성취기준에 대해 부정적인 시각이 있었다. 교사의 교육과정 자율성을 구속하고, 학교 교육을 기능 중심으로 한정하는 장치로 여겨졌기 때문이다. 그러나 성취기준의 도입 배경과 발전 과정을 공부하며, 성취기준이 가진 이점을 점차 이해하게 되었다. 성취기준은 기존의 지식 내용 중심의 교육과정을 수행 역량 중심의 교육과정으로 전환하기 위한 목표 진술 방식이란 것이다. 이는 학교의 다양성을 구현할 기준이면서, 동시에 국가 수준의 표준성을 담보할 장치였다. 성취기준에 대한 시각 변화는 국가 교육과정을 깊이 이해하고 실천하는 데 도움이 되었다. 나의 인식 변화 경험은 동료 교사들에게 성취기준을 안내하고 싶은 동기가 되었다. 본 서적을 통해 교사들이 성취기준을 이해하는 데 도움이 되길 바라며, 모든 교사들이 자신의 교육과정을 펼쳐나가길 응원한다.

심성호 의지할 대상은 기억이 아니다. 성취기준이다

성취기준도 교육과정 책자처럼 생각보다 자주 바라보게 되지 않을 수 있다. 교육과정도 마찬가지고, 성취기준도 마찬가지다. 마치 책장 구석에 놓인 오래된 앨범처럼 가끔씩 꺼내 보게 되는 그런 것으로만 남아 있다면 기억에만 의존하는 셈이 된다. 우리 아이들을 어떤 기준으로 어떻게 성장시켜야 할지 갈피를 못 잡는 것과 같다고 표현할 수도 있다. 성취기준은 그렇게 아이들을 가르치는 기준과 내가 교실에서 아이들을 어떻게 가르쳐야 하는지에 대한 커다란 목표를 제시해 준다는 데에 의미가 있다.

예전의 학습목표는 그 수업만의, 40분 만의 수업을 위한 목표였다면, 성취기준은 좀 더 큰 의미에서 아이들의 성장을 고민해 볼 수 있게 해준다. 집필팀이 꾸준히 시리즈로 이야기하는 '교육과정을 디자인한다'는 의미에서 성취기준은 나무를 보는 것이 아닌 큰 산도 바라볼 수 있는 시야를 길러준다는 의미가 있다.

여전히 교육부에서 제시하고 있는 성취기준은 교과별로 다르게 제시되기도 하고 종종 학습목표 수준으로 제시되는 어려움 속에서도 조금씩 자리를 잡아가고 있는 듯하다. 아이들의 역량을 담는다거나 아이들의 성장을 돕는 그런 성취기준이 만들어지는 움직임에 대해선 긍정적으로 생각한다. 물론 부족한 것은 교사가 개발하면 된다고 하지만 개별 교사들이 개발하고 학교에서 적용하기는 생각보다 쉽지 않은 현실이다.

이동철 **자유롭게, 다양하게, 적극적으로 성취기준을 해석하자**

성취기준을 바라보는 방식이 교사마다 상이하다. 어떤 분은 너무 추상적이어서 장애물 같은 느낌이 들어 어려움을 표출하기도 한다. 모든 성취기준을 가르쳐야 하기에, 그리고 전국의 모든 교실에서 수업방식은 다양하기에 성취기준을 좀 더 구체적으로 제시하는 것을 원하게 된다. 교사들이 성취기준을 잘 구현하기 위해서는 개념이 좀 더 명확하고 뚜렷할 필요가 있다.

반면 어떤 분은 성취기준에서 너무 상세하게 제시되어 있어 교사가 자신만의 교사 교육과정으로 풀어야 하는데 그렇지 않아 불편해하기도 한다. 예를 들어 [4과11-02] 화산의 의미와 화산 활동으로 나오는 물질을 알고, 화산 활동을 모형으로 표현할 수 있다. 의 성취기준의 경우에 화산 활동을 모형으로 표현하지 않으면 성취기준에 도달하지 않은 것 같은 찝찝함이 생기게 되기 때문이다.

따라서 성취기준의 진술 방식을 교사가 좀 더 자율성을 가지고 해석하여 교육과정 각론과 성취기준 해설을 참고하여 적극적으로 바라볼 필요가 있다. 물론 적극적으로 성취기준을 해석함에 따라 학교와 교실마다 교과를 가르치는 모습들이 굉장히 다양하게 펼쳐질 것이다. 미래 사회는 표준화되고 획일화된 교실이 아닌 학생 맞춤형 교육과정과 수업, 평가가 이루어지기에 교실 상황이 다양한 모습으로 펼쳐지도록 돕는 것이 교사의 중요한 역할이 될 것이라고 생각한다.

임성은 성취기준은 나침반이다

성취기준은 교사와 학생이 교육이라는 긴 여정에서 길을 잃지 않고, 교육 목표를 향해 끝까지 나아갈 수 있도록 이끌어주는 나침반과 같은 역할을 한다. 교사는 수업을 계획할 때 성취기준을 통해 가르쳐야 할 핵심 내용을 파악하고, 학생들은 학습 과정에서 어디로 향해야 하는지 알 수 있다. 성취기준이 없다면, 마치 나침반 없이 길을 찾아야 하는 것처럼 수업의 목표와 방향이 흐려질 수 있다. 그러나 나침반은 방향을 알려줄 뿐, 구체적인 항로를 강제하지 않는다. 교사들은 성취기준이라는 나침반을 따라가되, 학생들의 상황과 필요에 맞춰 수업 방법을 유연하게 적용할 수 있다. 학생들의 출발점과 학습 속도는 다를 수 있지만, 나침반이 가리키는 목표는 변하지 않으므로 각자의 페이스대로 도착할 수 있게 도와준다. 교수 · 학습 과정 중간에 예상치 못한 어려움을 만날 때에도, 성취기준은 다시 올바른 방향으로 돌아올 수 있도록 안내하는 역할을 한다. 나침반이 방향을 재설정해 주는 것처럼, 교사들은 성취기준을 통해 학생들이 어디에서 멀어졌는지 확인하고, 다시 목표로 향하는 방법을 찾을 수 있다. 성취기준은 단지 도착 지점만을 나타내는 것이 아니라, 학습 과정에서 무엇을 배우고 경험해야 하는지를 지도처럼 제시해 준다.

나침반이 지형을 파악하고 경로를 설정하는 데 도움을 주듯, 성취기준은 학생들이 어떤 지식을 쌓고, 어떤 능력을 키워야 할지 명확하게 알려준다. 교사는 수업의 질을 높이고 학생들의 학습을 효과적으로 이끌어가는 데 성취기준을 활용하고, 학생들은 그 기준을 바탕으로 자신의 학습 목표를 설정하며 학습 과정을 스스로 점검할 수 있다. 결국 나침반이 탐험가에게 필수 도구인 것처럼, 성취기준은 교사와 학생 모두에게 필수적인 길잡이가 되어 준다.

정원희 성취기준, 매년 확인하고 연구하자

교육과정, 수업 등을 연구하는 교사들에게 성취기준은 이제 연구자의 호기심을 자극하는 새로운 소재는 아닐지 모른다. 그러나 성취기준은 교사가 매년 확인하고 연구해야 할 부분이다.

교사가 성취기준을 가장 열심히 찾아보고 연구하는 시기는 새로운 학년 교육과정을 계획하는 시기일 것이다. 관련하여 나에게도 소중한 경험이 있다. 동료 교사들과 백워드 설계를 공부한 후 실제 자신이 맡은 학년의 교육과정을 설계하고자 책상 위에 성취기준 카드를 펼쳐 놓고 내용 요소를 확인하며 성취기준을 묶어 보기도 하고 풀어보며 주제를 찾고 교사 교육과정 설계를 처음 경험했을 때 일이다. 겨울 방학에 누가 시키지 않았지만 자발적으로 활동에 참여하며 동료들과 '우리가 연구부장도 아닌데, 방학 때 뭐 하는 거냐?' 의아해 하면서도 뭔가 모를 뿌듯함에 웃음을 자아내곤 했다.

그런 소중한 경험이 있었기에 지금까지 내가 교육과정에 관심 가지고 공부할 수 있었다. 그리고 그런 경험을 지속하고파 내 주변 교사들에게 성취기준 카드를 나눠 주며 "교육과정 재구성 함께해 볼래요?" 하며 교사 교육과정을 새롭게 디자인하고 있는 듯하다. 성취기준을 통해 교육과정에 대해 소중한 경험을 쌓았듯 누군가도 성취기준을 통해 교육을 바라보는 새로운 눈을 가질 수 있었으면 좋겠다.